La magie du Moyen Âge

Viktor Rydberg

(Traducteur : August Hjalmar Edgren)

Writat

Cette édition parue en 2023

ISBN : 9789358810653

Publié par
Writat
email : info@writat.com

Contenu

I.
LA PHILOSOPHIE COSMIQUE DU MOYEN ÂGE ET SON DÉVELOPPEMENT HISTORIQUE.

INTRODUCTION.

Au Moyen Âge, l'Europe croyait que notre globe était le centre de l'univers.

La terre, elle-même fixe et immobile, était entourée de dix cieux s'entourant successivement les uns les autres, et tous, sauf le plus haut, tournaient constamment autour de leur centre .

Ce ciel le plus élevé et inamovible, enveloppant tous les autres et constituant la limite entre les choses créées et le vide, espace infini au-delà, est l'Empyrée, le ciel du feu, nommé aussi par les philosophes platoniciens le monde des archétypes. Ici, « dans une lumière où personne ne peut entrer », Dieu dans la majesté trinitaire est assis sur son trône, tandis que les tons d'harmonie des neuf cieux tournants en dessous montent vers lui, comme un hymne de gloire de l'univers à son Créateur.

Ensuite, au-dessous de l'Empyrée, se trouve le ciel de cristal, ou la sphère du *premier mobile* (*primum mobile*). Au-dessous tourne le ciel d'étoiles fixes, qui, formées des éléments les plus subtils de l'univers, sont dépourvues de poids. Si l' on imaginait maintenant un ange descendant de ce ciel directement sur la terre, centre où sont rassemblées les particules les plus grossières de la création, il coulerait encore à travers les sept espaces voûtés qui forment le monde planétaire. Dans le premier de ces cieux restants se trouve la planète Saturne, dans le deuxième Jupiter, dans le troisième Mars ; au quatrième et au milieu ciel appartient le Soleil, reine des planètes, tandis que dans les trois autres se trouvent les trajectoires de Vénus, Mercure et enfin la Lune, mesurant le temps avec son disque décroissant et croissant. Sous ce ciel de la lune se trouve l'atmosphère enveloppante de la terre et de la terre elle-même avec ses terres et ses mers.

Il y a quatre éléments premiers dans la structure de l'univers : le feu, l'air, l'eau et la terre. Tout ce qui existe dans le monde matériel est un composé particulier de ces éléments et possède en tant que tel une énergie qui lui est propre ; mais la matière en elle-même est dépourvue de qualité et de force. Tout pouvoir est spirituel et découle d'une source spirituelle, de Dieu, et est communiqué à la terre et aux cieux au-dessus de la terre et à toutes choses qui s'y trouvent, par des agents spirituels, personnels mais incorporels. Ces êtres remplissent l'univers. Même les éléments premiers en tirent leur énergie.

On les appelle intelligences ou anges ; et le *premier mobile* ainsi que le ciel des étoiles fixes sont tenus en mouvement par elles. Les planètes sont guidées sur leurs orbites par des anges. "Toutes les énergies des plantes, des métaux, des pierres et de tous les autres objets dérivent de ces intelligences que Dieu a ordonnées pour être les gardiens et les dirigeants de ses œuvres." [1] « Dieu, en tant que source et fin de tout pouvoir, prête le sceau des idées à ses esprits ministériels, qui, exécutant fidèlement sa volonté divine, marquent d'une énergie vitale toutes les choses qui leur sont confiées. » [2]

Aucune causalité inévitable n'est admise. Tout est produit par la volonté de Dieu et soutenu par elle. Les lois de la nature ne sont que les préceptes d'après lesquels les anges exécutent leur charge. Ils obéissent par amour et par peur ; mais s'ils, dans un esprit réfractaire, transgressent les commandements donnés, ou cessent leur activité, ce qu'ils ont le pouvoir de faire, alors l'ordre de la nature serait modifié et le grand mécanisme de l'univers s'effondrerait, à moins que Dieu ne juge bon d'intervenir. . « Parfois, Dieu suspend leur libre arbitre et est lui-même l'acteur immédiat partout ; ou bien il donne des commandements inhabituels à ses anges, et alors leurs opérations sont appelées miracles. [3]

La connaissance de la nature des choses est donc essentiellement une connaissance des anges. Leurs innombrables hôtes forment neuf chœurs ou ordres, répartis en trois hiérarchies, correspondant aux trois mondes : l'empyréen, celui des cieux tournants et le terrestre. Les ordres des Séraphins, des Chérubins et des Trônes qui constituent la première hiérarchie, sont les plus proches de Dieu. Ils entourent son trône comme une suite de serviteurs, se réjouissent à la lumière de son visage, ressentent l'inspiration abondante de sa sagesse, de son amour et de sa puissance, et chantent des louanges éternelles à sa gloire. L'ordre des Trônes, qui est le plus bas de cette hiérarchie empyréenne, proclame la volonté de Dieu à la hiérarchie intermédiaire, à laquelle est confiée la règle des cieux mobiles. C'est l'ordre du Dominion qui reçoit ainsi les commandements de Dieu ; celui du Pouvoir, qui guide les étoiles et les planètes dans leurs orbites, et réalise tous les autres phénomènes célestes, les porte à l'exécution, tandis qu'un tiers de l'Empire écarte tout ce qui pourrait gêner leur accomplissement. La troisième et la plus basse hiérarchie, englobant les ordres des Principautés, des Archanges et des Anges, détient la suprématie sur les choses terrestres. Les principautés, comme leur nom l'indique, sont les esprits gardiens des nations et des royaumes ; Les archanges protègent la religion et portent les prières des saints d'en haut jusqu'au trône de Dieu ; Les anges, enfin, ont le soin de chaque mortel et communiquent aux bêtes, aux plantes, aux pierres et aux métaux leur nature particulière. Ensemble, ces hiérarchies et ordres forment une chaîne continue d'activités entremêlées, et ainsi la structure de l'univers ressemble à une échelle de Jacob sur laquelle

> "Puissances célestes, montant et descendant,
> leurs seaux d'or échangent sans cesse."

Toutes les choses terrestres sont des images des choses célestes ; et tous les célestes ont leurs archétypes dans l'Empyrée. Les choses sur terre sont composées de la matière la plus grossière ; des choses dans les cieux environnants d'une substance plus fine, accessible à l'influence des intelligences. Les archétypes sont immatériels ; et comme tels peuvent être remplis sans résistance de forces spirituelles, et donner de leur plénitude à leurs effigies correspondantes dans les mondes des étoiles et des planètes. Ceux-ci, à nouveau, par leurs rayons, envoient l'abondance de leur puissance aux objets terrestres par lesquels ils sont représentés. Chaque chose sur terre est donc non seulement sous la direction de son propre ange, mais aussi sous l'influence des étoiles, des planètes et des archétypes. L'univers est une vaste lyre dont les cordes, frappées n'importe où, sont sûres de vibrer sur toute leur longueur.

C'est pour l'homme que Dieu a fait naître les quatre éléments du néant par son décret, et c'est pour l'homme qu'il a façonné cette merveilleuse terre à partir de ces éléments en six jours. L'homme est le couronnement de la création, son chef-d'œuvre et, dans les limites étroites de sa nature, un résumé de toutes choses existantes, un microcosme et l'image du Dieu suprême lui-même.

Mais puisque l'homme, en tant que microcosme, doit aussi participer à la matière la plus grossière, sa demeure ne pouvait pas être dans l'Empyrée, mais devait être fixée sur la terre. Pour qu'il soit digne de le recevoir, il fut paré de toute la beauté d'un paradis, et les anges regardèrent du ciel avec délices ses vallées et ses montagnes, ses lacs et ses bosquets, qui, dans des lumières et des ombres changeantes, brillaient maintenant avec le pourpre du matin, tantôt avec l'or du soleil, et encore avec l'argent de la lune. Et ce lieu d'habitation explique symboliquement par sa position même la destinée de l'homme et sa place dans le royaume de Dieu ; car partout où il erre, le zénith s'attarde toujours au-dessus de sa tête, et tous les cieux tournants ont son habitation pour centre . La danse des étoiles n'est qu'une fête en son honneur, le soleil et la lune n'existent que pour briller sur son chemin et remplir son cœur de joie.

Les premiers êtres humains ont vécu dans leur paradis dans un état de bonheur le plus élevé. Leur volonté était intacte ; leur compréhension est remplie de la lumière immédiate de l'intuition. Souvent, lorsque l'ange du soleil s'enfonçait avec son orbe brillant vers l'horizon et que « le jour devenait frais », Dieu lui-même descendait de son Empyrée pour errer sous les beaux arbres du paradis, en compagnie de ses préférés.

Le monde était une harmonie ininterrompue. Il y avait certes un contraste entre l'esprit et la matière, mais il n'y en avait pas encore entre le bien et le mal. Il ne fallut pas longtemps pour en rester ainsi.

Lucifer, c'est-à-dire le Porteur de Lumière, ou Étoile du Matin, était le plus élevé de tous les anges, le prince des séraphins, le favori du Créateur, et inférieur en pureté, en majesté et en puissance à la Sainte Trinité. L'orgueil et l'envie prirent possession, on ne sait comment, de ce puissant esprit. Il conçut le plan de renverser la puissance de Dieu et de s'asseoir sur le trône de l'Omnipotence. Les anges de tous ordres furent gagnés à sa trahison. Au premier signe de l'esprit téméraire, d'innombrables intelligences venues des cieux inférieurs et de la terre attaquèrent l'Empyrée et se joignirent aux séraphins, aux chérubins et aux trônes rebelles qui s'étaient rassemblés sous l'étendard de la révolte. Au ciel faisait rage un puissant combat dont les vicissitudes sont couvertes par le voile du mystère. Cependant, saint Jean, dans son livre de l'Apocalypse, en soulève un seul pli et nous montre Michel à la tête des légions de Dieu luttant contre Lucifer. La compétition s'est terminée par le renversement du rebelle et de ses partisans. La belle étoile du matin est tombée du ciel. [4] Le Christ vit le séraphin autrefois fidèle précipité de ses remparts comme un coup de foudre venu des nuages. [5]

Les vaincus ne furent pas anéantis. Calme dans la conscience de sa toute-puissance, Dieu détermina de manière impénétrable que Lucifer, transformé par sa rébellion en un esprit totalement mauvais, devait jouir d'une liberté d'action dans certaines limites. L'activité de l'esprit déchu consiste en une guerre désespérée et incessante contre Dieu ; et il remporte au début une victoire aux conséquences incommensurables. Il tente l'homme et le met sous sa domination. L'humanité, ainsi que la belle terre qui est sa demeure, sont sous la malédiction de Dieu.

Le monde n'est plus une harmonie ininterrompue, une unité morale. Elle est divisée à jamais en deux royaumes antagonistes, celui du Bien et celui du Mal. Que Dieu le veuille et permet les conséquences inévitables, est confirmé par un changement immédiat dans la structure de l'univers. La mort est envoyée avec pour mission de détruire toute vie. L'enfer ouvre ses mâchoires dans les royaumes autrefois paisibles du sein de la terre et est rempli d'un feu qui brûle tout , mais ne consume rien.

Le champ de bataille est la création entière, à l'exception des espaces de l'Empyrée ; car dans son domaine pur, rien de corrompu ne peut entrer. Lucifer adhère toujours à ses prétentions sur son trône et cherche en tout à imiter Dieu. Les séraphins, chérubins et trônes déchus constituent sa suite princière et son conseil de guerre. Les intelligences rebelles de la hiérarchie intermédiaire, aujourd'hui transformées en démons, aiment encore errer parmi les mêmes étoiles et planètes qui étaient autrefois confiées à leurs soins, et faire la guerre aux bons anges qui guident désormais les mouvements du ciel. D'autres démons flottent dans l'atmosphère, provoquant tempêtes et tonnerre, grêle et neige, sécheresse et présages terribles (d'où l'on dit que le diable est un prince qui contrôle le temps). D'autres encore remplissent la terre ; ses mers, lacs, fontaines et rivières ; ses bois, bosquets, prairies et montagnes. Ils imprègnent les éléments ; ils sont partout.

L'homme, cause principale du conflit, est dans un triste état. Les douleurs et souffrances corporelles que la terre, depuis sa malédiction, impose au chemin que doivent suivre les générations successives, toutes participantes du péché d'Adam, ne sont rien comparées aux périls qui, de toutes parts, assaillent et menacent leurs âmes immortelles. Et comment éviter ces dangers ? Chaque mortel est en effet suivi dès sa naissance par un ange gardien ; mais comment distinguer ses impulsions de celles qui émanent des mille agents cachés du Mal. Lucifer peut se transformer en ange de lumière, ses démons peuvent séduire avec une voix qui contrefait celle de Dieu et de la conscience. La volonté de l'homme n'a aucun pouvoir pour résister à ces tentations ; il est dépravé par la chute. La raison ne donne aucune indication ; obscurci à cause de l'apostasie de l'homme, il dégénère, s'il est laissé à lui-même, en un instrument satanique d'hérésie et d'erreur. Le sentiment est soumis à la matière qui, dès le début opposée à l'esprit, partage la malédiction. Faut-il alors s'étonner que la carrière de l'homme, commençant par la conception dans un sein pécheur, ait pour fin, derrière les portes de la mort, les tourments éternels d'un enfer ? Toutes ces myriades d'âmes créées par Dieu et vêtues de vêtements d'argile, tous ces microcosmes dont chacun est un chef-d'œuvre, la gloire de la création, un être d'une valeur infinie, forment, maillon par maillon, une chaîne s'étendant de ce néant d'où Dieu les a créés, jusqu'à cet abîme dans lequel, après une brève vie sur terre, ils doivent être tourmentés pendant d'innombrables siècles, désespérant et maudissant leur Créateur.

Lucifer triomphe. Son royaume s'agrandit ; mais le pauvre mortel n'a pas le droit de se plaindre. Le récipient ne doit pas blâmer le potier. Quand l'homme regarde dans son propre cœur , il découvre un péché et une dépravation aussi infinis que le sont ses châtiments. Aussi sévère que paraisse la loi de l'univers , elle porte toujours l'empreinte de la justice divine.

Ce n'est donc qu'un acte de pure grâce, lorsque Dieu détermine le salut de l'humanité. L'Église, préparée par l'élection du peuple juif et fondée par Jésus-Christ, le Fils de Dieu, qui s'est offert pour la crucifixion pour expier les péchés des hommes, a grandi et étendu son influence dans des régions où autrefois les démons, les les dieux des païens possédaient des temples, des idoles et des autels. L'Église est le cercle magique à l'intérieur duquel seul le salut est possible (*Extra ecclesiam nul salut*). Dans ses murs, le Fils de Dieu s'offre quotidiennement en sacrifice pour les transgressions de l'humanité ;

le vin de communion est par miracle changé en son sang, et le pain en sa chair, qui, mangés par les membres de l'Église, favorisent leur croissance en sainteté et leur pouvoir de résistance au Tentateur. L'Église est un seul corps, animé par le Saint-Esprit de Dieu ; et ainsi un membre compensait par un surplus de vertu les déficiences d'un autre. Les saints hommes, renonçant à toutes les voluptés sensuelles et vouant leur vie à la pratique de la pénitence et des sévérités, à la contemplation des choses spirituelles et au bien, accumulent ainsi une richesse d'œuvres surérogatoires qui, déposées dans le trésor de l'Église, lui permettent de composer pour les péchés des membres les moins renonçant à eux-mêmes. D'une main libérale, elle accorde la rémission des péchés non seulement aux vivants, mais aussi aux morts. Ainsi, la race humaine peut respirer plus librement, et la multitude s'attacher à nouveau aux joies et aux plaisirs éphémères d'une vie misérable sur terre ; et lorsqu'un mortel cueille les fleurs du plaisir qui fleurissent dans cette vallée de douleurs, il n'a pas à craindre tant le poison caché, car le remède est proche. Le chevalier dans le château là-bas au sommet du rocher, ou le bourgeois en dessous de lui dans la vallée, peuvent sans scrupules prendre femme, élever des enfants et vivre en convivialité selon ses moyens ; l'étudiant heureux peut chanter et réaliser son « *Gaudeamus igitur* » ; le soldat intrépide peut chercher une récompense pour les difficultés de sa campagne par une vie joyeuse dans les tavernes et en compagnie des femmes ; même les disciples de Marie-Madeleine, péchant dans l'attente de la grâce, peuvent obtenir aux pieds de l'Église la même absolution qui a été donnée à leur modèle aux pieds de Jésus, à condition seulement que, reconnaissants pour la miséricorde du Christ, qui a fait Eux membres de son Église, ils la vénèrent comme leur mère, participent à ses sacrements et recherchent son aide. Le nombre toujours croissant de cloîtres, foyers d'abnégation rigoureuse, de pénitence ininterrompue et de contemplation mystérieuse, est une garantie de l'inépuisabilité des œuvres de surérogation que possède l'Église. Dans ces cloîtres, les jeunes filles qui se sont consacrées au Christ après un embrassement spirituel pour lequel les impulsions les plus intenses de leur nature ont été supprimées, aspirent à vivre. Ici, dans la prière et le labeur, le pieux solitaire passe ses jours et ses nuits. Ces hommes aussi qui, sortant pieds nus, couverts de manteaux grossiers et portant des cordes autour de la taille, se consacrent comme les apôtres à la pauvreté et à la prédication de l'Évangile, qui reçoivent l'aumône à la porte du laïc, lui donnant en échange le nourriture de la parole de Dieu, tout cela sort du même cloître.

L'Église est donc une taupe contre la marée du péché. Le chrétien a une raison de s'exclamer : « Ô diable, où est ta victoire ? » car, bien que le lieu du tourment soit continuellement rempli d'esprits perdus, il y a des milliers et des milliers d'âmes rachetées qui s'enfuient vers l' Empyrée, soit immédiatement, soit par la voie du Purgatoire. Les premiers parmi les béatifiés qui, mêlés aux anges, entourent le trône de Dieu, sont ceux qu'on appelle les saints. Leur intercession est plus efficace même que celle des séraphins, et leur puissance dans la lutte contre les démons surpasse celle des chérubins. C'est pourquoi les royaumes, les communautés, les ordres, les corporations et les corporations, et même les professions contraires à la loi et peu recommandables (ayant donc plus besoin de grâce et d'intercession que d'autres) ont leurs saints patrons. L'individu est enfin protégé par le saint au nom duquel il a été baptisé.

L'Église est le royaume de Dieu sur terre ; sa hiérarchie ecclésiastique est une image du céleste ; son plus haut dirigeant, le Pape, est le vicaire de Dieu. Son destin, qui est de s'étendre sur la terre entière afin d'inclure toutes les terres et toutes les nations dans son cercle magique, ne pourrait se réaliser que si elle possédait le pouvoir de commander les rois et les armées de la chrétienté. Il est évident, en outre, que le pouvoir spirituel est au-dessus du profane : le premier protège l'âme, le second le corps seulement. Ils sont liés les uns aux autres comme l'esprit est lié à la matière. C'est donc au pape qu'il incombera de revêtir la plus haute dignité séculière, celle des Césars romains . Il est le seigneur féodal des empereurs, comme l'empereur est ou devrait être l'empereur des rois, des ducs et des villes libres. S'il n'en était pas ainsi, si les différents dirigeants étaient indépendants des gardiens de la religion, alors malheur à la grande masse de leurs sujets ! Certes, ces multitudes sont placées sur terre pour être disciplinées par l'humanité et l'obéissance ; ils n'ont en effet aucun droit sur lequel ils puissent insister, puisqu'ils se situent en dehors du cadre de la liberté ; mais, d'un autre côté, l'oppression exercée sur eux n'aurait de limite que si l'Église, qui est la mère commune de tous, rappelait aux autorités leur devoir d'aimer et de chérir les petits : en effet, tout ordre social s'effondrerait en poussière, une puissance supérieure à celle dépendant de l'épée n'a-t-elle pas contraint le plus fort à accomplir les vœux de protection du plus faible qu'il a faits en présence de la Sainte Trinité. Car les seuls droits existants sont ceux du privilège et de l'investiture, fondés absolument sur des stipulations scellées.

Selon les doctrines de l'Église, qui sont la seule clé du salut, l'homme a reçu en don ce qu'il n'aurait jamais pu atteindre par la science : la connaissance des plus hautes vérités. Possédé de cette connaissance, il ne doit plus se laisser tenter par le diable de s'engager dans des efforts pour pénétrer les mystères de l'univers sans rien pour l'aider si ce n'est son intellect obscur ; car de telles tentatives aboutissent généralement à l'erreur et à l'apostasie. Pourtant, l'attrait est fort parce que les vérités les plus élevées, lorsqu'elles sont revêtues du costume de conceptions humaines, semblent parfois contradictoires et absurdes. Il faut donc les soumettre, non aux décisions de la raison, mais à l'arbitrage de la foi. Seule la foi est capable de les pénétrer et de les appréhender. Les doctrines que l'Église, assistée du Saint-Esprit, promulgue, puisqu'elles seules sont vraies, offrent au chercheur croyant une mine de trésors infinis. Il est donc possible au sein de l'Église un système de philosophie, à condition que ses processus, postulant toujours l'infaillibilité des dogmes, se limitent à une analyse pieuse et à une humble contemplation des principes religieux. Dans ce but, l'adepte de la philosophie scolastique peut employer la dialectique aristotélicienne à son gré et manier le levier du syllogisme à son gré. Même dans le cadre de l'orthodoxie, il peut y avoir de nombreux *si* et *mais* , de nombreux *avantages* et *inconvénients* . Le raisonneur scolastique n'a à prouver que le plus probable ; le Pape infaillible et ses synodes sanctionnent les véritables déductions et réfutent les erreurs qui, une fois rétractées, sont pardonnées. Il est préférable pour le chercheur de fonder ses recherches sur les propositions formulées par les premiers pères de l'Église ; car ainsi les générations futures construiront sur les fondations posées pour elles par leurs prédécesseurs bien avant. Dans la mesure où ils suivent tous la même méthode dialectique d'analyse et de synthèse, de sorte que le sujet tout entier est imprégné et que ses masses sont regroupées dans un ordre architectural par ces processus, il se forme sur la base du dogme une superstructure philosophique, semblable à ces coupoles avec lesquelles les habiles maîtres de la maçonnerie émerveillent nos yeux.

Le monde empire. L'Église peut pardonner le péché, mais elle ne peut pas empêcher son accroissement. Chaque génération hérite de la précédente un fardeau de mauvaises dispositions, habitudes et exemples, qu'elle fait peser à son tour encore plus lourd sur les épaules de la postérité. Chaque fils a de meilleures raisons de soupirer que son père. « Heureux ceux qui sont morts avant de voir le jour ! qui a goûté à la mort avant de faire l'expérience de la vie ! » [6] Les armées de Satan assaillent l'Église de tous côtés. De sa tour, le gardien de Sion regarde le monde et voit les vagues de l'histoire, maintenant férocement fouettées par les démons, rouler contre le rocher sur lequel le Christ a construit son temple. Les armées de l'Europe ornées de croix repoussent avec beaucoup de difficulté l'invasion des Sarrasins, dont l'arrivée a été annoncée par des pestes et des présages. L'emblème de l'Église est une arche ballottée sur une mer agitée au milieu d'une tempête de pluie et d'éclairs. L'histoire est une comédie spirituelle, jouée sur une scène dont le large premier plan, comme celui des mystères, est un *théâtre. diabolorum* ; tandis que dans l'étroit fond l'Église de Dieu, comme une citadelle assiégée, pointe ses pinacles au-dessus de la tourmente vers le ciel sombre, d'où ses défenseurs attendent que Jésus et ses anges viennent à leur secours.

Mais avant que ce soulagement n'arrive, l'iniquité aura atteint son paroxysme. Elle est déjà à l'œuvre dans l'enceinte sacrée de l'Église elle-même. Il est plus difficile pour le vicaire de Dieu de soumettre les ennemis intérieurs que les ennemis extérieurs. D'une part, beaucoup d'hommes croient avoir trouvé dans leur propre raison et dans leur conscience des vérités capitales qu'ils opposent, sans aucune autorité extérieure à eux-mêmes, aux commandements venus d'en haut et dont l'origine divine est confirmée par la foi de cent générations. Il se place dans une attitude d'opposition à la foi commune. Ainsi naissent les hérésies, ces cancers sur le corps de la congrégation qui doivent être guéris par le fer, lorsque les pommades ne guérissent pas, et par le feu lorsque le fer est inefficace. D'un autre côté , les hommes sont tellement dominés par leurs passions qu'ils abandonnent le Dieu qui les réprimande et deviennent les esclaves d'un autre dieu qui leur montre sa faveur. L'orgueil, enchaîné par une ascendance obscure, et le vif appétit du plaisir enchaîné par la gratification par la pénurie et la privation, secouent leurs chaînes dans le désespoir, et appellent finalement l'étoile du matin d'antan à leur aide. L'archidémon promet des plaisirs sans limites et un pouvoir sans limites. Le pauvre mortel, par peur des douleurs qui affligent son corps, est poussé à sa destruction. Son corps formé de la poussière de la terre maudite, et toujours centre de désirs sensuels, est abandonné par Dieu en proie aux assauts du diable. « Ici quelqu'un perd un œil, quelqu'un là une main ; l'un tombe dans le feu et meurt brûlé, l'autre dans l'eau et se noie ; un autre grimpe sur une échelle et se brise le cou, un autre encore trébuche sur le sol plat et se casse une jambe. Tous ces accidents imprévus, qui surviennent quotidiennement, ne sont que les coups et les coups du diable qu'il nous inflige par pure méchanceté. 7. Plus encore : le démon est capable de s'emparer si complètement du corps humain qu'il en devient pour ainsi dire la seconde âme, remue ses membres, prononce avec sa langue des blasphèmes devant lesquels même leur diabolique auteur ne peut que trembler . . Mais bien que l'homme qui craint Dieu, comme le pieux Job, bénéficie de telles afflictions, et bien que la prière soit un refuge puissant, il existe néanmoins un nombre toujours croissant de ceux qui, poussés par une peur lâche de la puissance du Prince du Mal, cherchez leur sécurité dans une ligue avec lui ; d'autant plus qu'il leur prête une maîtrise partielle des éléments, et donc un moyen d'emploi et de nuire à autrui. Ainsi la terrible peste de la sorcellerie multiplie ses victimes ; et aux heures noires de minuit, des centaines de milliers de personnes qui portent le nom de chrétiens, sur les montagnes et dans les déserts, accomplissent des rites clandestins en l'honneur de leur maître satanique. Le temps mûrit pour l'avènement de l'Antéchrist, pour le Jour du Jugement et la conflagration finale.

Dans les flammes de ce dernier jour, les cieux tournants et la terre sont détruits. Le mouvement, l'activité, les conflits, l'histoire, tout a une fin. L'Empyrée et l'Enfer restent seuls, comme les extrêmes antipodes de l'ancien univers. Cette conflagration n'est pas un purificateur universel, annihilant ce qui n'existe pas en soi. [8] Elle ne fait que séparer pour toujours l'or des scories. Le royaume du diable continue d'exister et sa proie lui appartient pour toujours. Mais il n'existe ainsi que parce qu'une existence éternelle signifie un châtiment éternel pour son dirigeant aussi bien que pour ses sujets. Depuis les nouveaux cieux et la nouvelle terre que le fiat de Dieu a créés pour être la demeure de ceux qui ont échappé à la destruction, ces esprits rachetés perçoivent les grincements de dents et les lamentations de leurs frères condamnés, et méprisent leurs tortures et leurs souffrances. la misère, non avec compassion mais avec joie, parce qu'ils reconnaissent dans leur châtiment la justification de la justice divine ; non pas avec douleur mais avec joie, car la vue de leur misère double leur propre félicité. Du fond de ce gouffre de misère montent sans cesse jusqu'à l'Empyrée des cris de désespoir, des blasphèmes de défi et des malédictions de rage, mais ils ne troublent pas les hymnes que les saints et les anges chantent toujours autour du trône de Dieu et du Agneau; ils ne font qu'intensifier la solennité du culte. [9]

Telle était dans ses traits principaux la philosophie cosmique du Moyen Âge ; non pas considérée de manière abstraite, mais telle qu'elle a existé en réalité pendant de nombreux siècles parmi le peuple chrétien, guidant ses pensées, son imagination et ses sentiments, et régissant ses actions. Des vestiges en sont encore visibles dans les systèmes des sectes existantes, bien qu'incompatibles avec la nouvelle philosophie que l'esprit humain s'est efforcé de développer. Depuis que l'intellect de la chrétienté a commencé, au XVIe siècle, à se libérer de la foi par l'autorité, l'influence des anciennes conceptions sur les diverses formes que prend la vie a progressivement décliné.

Beaucoup de ces caractéristiques qui contrastent si étrangement l'état de la société au Moyen Âge avec la civilisation hellénique précédente et la civilisation européenne moderne qui lui a suivi, ont leur origine dans différentes théories de l'univers. Ce n'est pas par hasard que l'on rencontre, d'une part, dans l'histoire de la Grèce, tant de formes harmonieuses, où le repos et la joie tranquille se dessinent dans tous les traits de leur visage, et, d'autre part, dans celle du Moyen Âge, si de nombreux êtres ensevelis dans l'obscurité la plus profonde ou exaltés dans un ravissement frénétique, dégoulinants de sang de blessures auto-infligées, ou rayonnants de la fièvre de l'émotion mystique - ce n'est pas un simple hasard si l'époque ancienne aime ces formes sereines et les immortalise dans ses galeries héroïques, tandis que ce dernier vénère ses figures excentriques et les décrit dans ses légendes comme de saints modèles. Ce n'est pas un simple hasard si l'art grec reflète une belle humanité, tandis que celui du Moyen Âge aime s'attarder sur les monstruosités et se jette entre les extrêmes d'un sérieux terrible et d'un burlesque sauvage ; Ce n'est pas seulement un hasard que la science du Grec soit rationnelle, qu'il découvre les catégories dans la Logique et qu'il élève une structure très parfaite de démonstration rigide dans sa Géométrie, tandis que la science du Moyen Âge, au contraire, est *magique* . doctrine des correspondances , Astrologie, Alchimie et Sorcellerie.

Pour les Grecs, l'univers était une unité harmonieuse. La loi de la raison, voilée sous le nom de destin, régissait les dieux eux-mêmes. Les événements variés du mythe se trouvaient au loin ; ils n'ont même pas déformé l'imagination du poète lorsqu'il s'en occupait ; encore moins la foi de la multitude, et encore moins les recherches du penseur. La séquence ininterrompue d'événements invités à la contemplation, à laquelle on pouvait s'adonner d'autant plus facilement que personne ne prétendait avoir reçu en cadeau un système complet de vérité révélée, et d'autant plus librement qu'aucune autorité n'obligeait l'individu à choisir entre de tels systèmes. un système et une perdition. En général , aucun doute n'était entretenu quant à la capacité de la Raison de pénétrer jusqu'à l'essence intime des choses, puisque aucune connaissance de la chute de l'homme, qui annihilait cette capacité, n'était parvenue aux Grecs. En ce qui concerne la connaissance, les Grecs s'appuyaient donc sur des preuves et une autorité intérieure. Il en était de même en matière de moralité. Ils étaient convaincus que les impulsions qui favorisaient le bonheur de la vie domestique étaient bonnes ; et que ceux qui ne l'ont pas contrecarré étaient au moins justifiés ; et ainsi ils jouissaient avec modération des dons de la nature, sans se douter que celui qui les donnait généreusement était maudit. L'idéal de sagesse qu'ils s'étaient forgé était fondé sur leur expérience intérieure, qu'il ait les traits joyeux d'Épicure, les traits plus sévères de Zénon, ou l'expression douce et résignée d'Épictète ; et lorsqu'ils s'efforçaient de le réaliser dans leur vie, ils partaient toujours de l'hypothèse que cela serait possible grâce à un renforcement quotidien de la volonté. L'effort déployé par les Grecs pour atteindre la pureté et la vertu était, pour ainsi dire, un système de gymnastique destiné à développer les muscles du cerveau. La même puissance et la même confiance en soi étaient manifestées dans ces efforts comme dans la palestre . Les soupirs et l'angoisse étaient étrangers à ce genre d'effort réformateur. Mais cela n'a pas été totalement inutile. Le vieil adage selon lequel Dieu aide ceux qui s'aident eux-mêmes peut être appliqué ici. Le fait qu'il ait développé des natures grandes, puissantes et nobles était si indéniable que même l'un des pères chrétiens, en considérant leurs réalisations, commença à douter que sa manière d'atteindre la perfection était vraiment la seule, jusqu'à ce qu'il réussisse à se convaincre que « la les vertus des Gentils sont des vices éclatants. La personnalité harmonieuse des Grecs et la rationalité de la science grecque dépendaient de l'unité, de l'harmonie de leurs vues cosmiques — de cela qu'ils concevaient le tout comme une unité dans sa diversité, et non comme une désunion irréconciliable de deux principes absolument antagonistes. .

Si, au contraire, la plus haute puissance qui gouverne la nature est un caprice divin arbitraire, si le monde qui s'offre à l'humanité est gouverné par des décrets purement fortuits, eux-mêmes continuellement perturbés par les influences hostiles d'un royaume infernal ; si, en outre, cette lutte fait rage non seulement dans le monde extérieur, mais aussi au cœur même de la nature humaine, viciant sa raison, ses sentiments et sa volonté, pour les utiliser sans son intervention comme moyen de son exaltation ou de sa perdition, alors y a-t-il en effet, aucune causalité à rechercher, et par conséquent aucun champ d'investigation scientifique. Si la science existait, elle se situerait bien au-delà des forces de l'homme, car on ne peut pas faire confiance à la raison, simple jouet des puissances démoniaques. Sa personnalité n'a plus non plus son centre de gravité en elle-même. L'homme a alors un besoin excessif d'une institution de délivrance telle que l'Église, qui lui enseigne ce que l'autorité divine a arbitrairement décidé d'être bien ou mal ; tandis que les moyens surnaturels de la grâce, les sacrements, lui confèrent le pouvoir de résister au mal et l'absout de ses défauts. De cette manière, l'autorité extérieure supplante l'autorité intérieure, qui est déracinée. Cet idéal de perfection humaine qui est possible dans de telles conditions et qui naît réellement parce que l'activité native de l'esprit s'efforce constamment de réunir toutes les notions acceptées, se fonde sur la doctrine de l'autorité et accepte son caractère surnaturel. Le fait que l'idéal du Moyen Âge soit ascétique et sa science magique résulte directement de sa conception dualiste de l'univers et de sa nature particulière.

Le dualisme du Moyen Âge est dérivé de la Perse. C'est l'idée essentielle de la doctrine zoroastrienne, qui finalement, après une longue lutte contre les conceptions unitaires des Grecs, pénètre l'Occident et le conquiert complètement. Ce combat victorieux de l'Orient contre l'Europe est la somme de l'histoire entre Cyrus et Constantin. Les événements extérieurs qui remplissent ces siècles acquièrent leur véritable signification lorsqu'on perçoit à l'intérieur et derrière eux la lutte entre les deux systèmes d'idées opposés. Comme des joueurs d'échecs cachés, ils opposent leurs champions inconscients les uns aux autres sur l'échiquier de l'histoire.

Lorsque Cyrus renvoie les prisonniers juifs des rivières de Babylone vers les montagnes de Jérusalem, il obtient pour le dualisme cette importante position de flanc sur la Méditerranée dont l'importance se révèle des siècles plus tard dans le déroulement de la bataille. L'« Adversaire » (Satan) qui apparaît parfois dans les parties les plus récentes de l'Ancien Testament, écrites sous influence perse, et qui joue un rôle de plus en plus important dans la littérature rabbinique, est l'Ahriman judaïsé ; les démoniaques qui, à l'époque du Christ, abondaient en Palestine témoignent que la croyance démoniaque du dualisme perse avait pénétré dans l'imagination et les sentiments des Juifs, et y avait porté ses fruits. A côté de cette conquête pacifique se déroule le grand drame de guerre entre la Grèce et la Perse. Bien qu'il ne s'agisse pas d'une guerre de religion reconnue , ce sont néanmoins Ormuzd et Ahriman qui sont repoussés à Marathon, Salamine et Platée , c'est l' unitarisme grec qui est sauvé dans ces batailles pour se développer, pendant une saison tranquille, en une guerre radieuse et belle. culture. Comme nous l'avons déjà montré, la magie et la croyance en l'autorité sont les conséquences nécessaires d'une religion dualiste ; la restriction et l'anéantissement de la libre personnalité sont des conséquences également nécessaires de la croyance par l'autorité. Quelqu'un , à propos du conflit qui a fait rage sur le terrain de Marathon, ne reconnaît-il pas le choc de deux opposés spirituels, de deux systèmes d'idées différents, quand il voit les bandes de Grecs tirés de leurs agorai (lieux de discussion politique) et de leurs gymnases . , avancent gaiement et en guirlandes, mais sans déprécier le danger, à la rencontre des innombrables armées d'Orient poussées par le fléau de leurs chefs ? D'un côté, une personnalité libre pleinement développée, qui trouve son origine dans une conception harmonieuse de la nature, de l'autre, une soumission aveugle aux forces extérieures. D'un côté la liberté, de l'autre le despotisme. On peut ajouter, à l'aide d'une conclusion logique, même si celle-ci peut paraître plus lointaine, d'un côté la rationalité, de l'autre la magie.

Forte ainsi de la victoire, l'Europe va chercher l'ennemi dans son propre pays. Alexandre conquiert l'Asie. Mais le nouvel Achille est enchaîné par les chaînes de son propre esclave. Car tandis que la culture grecque se répand à la surface des pays conquis, l'esprit oriental progresse au-dessous d'elle dans une direction opposée. Les ondes des deux courants idéaux sont en partie mêlées. Dans les bibliothèques d'Alexandrie et de Pergame, les littératures de l'Orient et de l'Occident se côtoient ; dans leurs salles rencontrent les sages de l'Orient et de l'Occident ; dans leurs systèmes doctrinaux Zoroastre et Platon, fantaisie et spéculation, magie et rationalisme se mélangent de la manière la plus extraordinaire. La victoire d'Alexandre était celle du guerrier, et non celle de l'élève sur d'Aristote. La philosophie judaïco -alexandrine fleurit, et le gnosticisme , ce monstrueux bâtard de systèmes cosmiques spécifiquement différents, est déjà engendré, lorsque le christianisme surgit en Palestine, s'unit au dualisme juif dérivé de Zoroastre, et entreprend ainsi de conquérir le monde par les armes de la croyance.

Entre- temps , Rome a étendu et établi son empire. Les nationalités qui y sont incluses ont été mélangées ; leurs différents dieux ont été transportés dans le même Panthéon ; et leurs idées ont été confrontées. L'empire universel, pour maintenir son existence, a été contraint de se centraliser dans un despotisme de type oriental, les formes libres d'État ont péri, le scepticisme philosophique et l'eudémonisme ont aboli parmi les classes cultivées les notions héritées de la religion. Tout cela, avec son cortège de dépravation morale et de nécessité matérielle, a préparé le terrain de l'Occident pour recevoir la semence de la nouvelle religion. Le vide et la misère font la différence entre l'idéalité et la réalité, entre le bien et le mal, d'autant plus perceptible même pour les nations unitaires. Le dualisme ainsi préparé dans le domaine de la pensée et du sentiment se répand sous une forme chrétienne avec une force irrésistible dans les provinces romaines. D'innombrables masses de pauvres et d'opprimés se consacrent à la « philosophie des Barbares et de l'Orient » (comme un penseur grec appelait le christianisme) parce qu'ils y reconnaissent leur propre expérience de la vie et ont une pleine assurance dans leur espoir de soulagement.

Le paganisme hellénico -romain offre une résistance infructueuse. Les persécutions de la part de l'État ne font qu'accélérer la propagation du christianisme. Ce que l'État ne peut pas faire, peut-être que la culture et la philosophie helléniques peuvent le faire. Ceux-ci, autrefois mutuellement hostiles, se réconcilient face au danger commun. La lampe mourante de l'Antiquité s'allume et s'éclaire lorsque des cœurs purs et des esprits profonds, qui autrement méprisaient les mythes comme de la superstition, les saisissent désormais comme des symboles de vérités supérieures. La philosophie se développe sous la forme du néoplatonisme.

Mais le néoplatonisme lui-même a apostasié le rationnel et l'unitaire. Plotin et Ammonios Saccas tente en vain de le restaurer. Elle n'aide son adversaire qu'à son insu, surtout lorsque, pour gagner les masses, elle consent à rivaliser avec lui de miracles. Jamblique et d'autres pratiquent des arts secrets afin de surpasser les mages chrétiens, et ils glorifient Pythagore et Appollonius de Tyane comme étant aptes à se classer parmi Jésus de Nazareth dans les dons miraculeux. Par cela, ils ne font que contribuer à la diffusion de la magie et des principes du dualisme. Le courant des idées orientales avance d'autant plus rapidement dans sa course triomphale.

Le dualisme chrétien se sent déjà assez fort pour lutter non seulement contre ses ennemis déclarés, mais aussi contre les éléments de culture occidentaux qu'il avait accueillis à ses débuts dans son sein et qui lui avaient fait entrer parmi les classes les plus intelligentes. Il semble instinctivement que même l'école de pensée qui a surgi au sein de l'Église est bien trop unitaire et rationaliste pour être tolérée à long terme. Des hommes comme Clément d'Alexandrie et Origène, frappés par ce qu'il y a d'extérieur et d'impérissable dans le christianisme et qui savent le séparer de sa forme dualiste, mènent une bataille tragique pour l'union de la croyance et de la pensée. Admettant que le Christ est tout en tous, puissance immédiate et sagesse de Dieu, ils souhaitent néanmoins sauver la philosophie hellénique de la destruction qu'un fanatisme, se délectant de la certitude et de la toute-suffisance de la révélation, dirige contre toute expression d'une culture occidentale. , que ce soit dans la vie nationale, dans l'art ou dans la science. Ils soulignent que la philosophie, si elle ne peut rien faire d'autre de bon, peut fournir des armes rationnelles contre ceux qui attaquent la foi, et qu'elle peut et doit être le « véritable mur de défense autour de la vigne » . Leur argument est sans effet. La philosophie vient du diable : oui, tout ce qui est vrai et bon dans la vie et la doctrine que le paganisme a possédé est déclaré par l'un des pères comme étant l'imposture de Satan (*ingenia diaboli quædam de divinis affectandis*); et la foi est si indépendante de la pensée qu'il vaut mieux dire : « Je crois *parce que* c'est invraisemblable, absurde, impossible ». [10] En vain Clemens mourant s'écrie : « Même si la philosophie était du diable, Satan ne pourrait tromper les hommes que sous l'apparence d'un ange de lumière : il doit séduire les hommes par l'apparence de la vérité, par le mélange du vrai et du mensonge. ; nous devons donc chercher et reconnaître la vérité d'où qu'elle vienne.... Et même ce don fait aux païens ne peut avoir été le leur que par la volonté de Dieu, et doit par conséquent être inclus dans le plan divin d'éducation de l'humanité. .. Si le péché et le désordre sont imputables au diable, comme il est absurde de faire de lui l'auteur et le donneur d'une chose aussi bonne que la philosophie !... Dieu a donné la Loi aux Juifs et la philosophie aux Gentils, uniquement pour préparer la venue du Christ. » Telles sont les paroles qui résonnent le dernier écho mourant de la culture hellénique et de l'humanité ! Ce n'est pas un simple hasard si, avec la philosophie, Clemens et Origène ont également cherché à sauver les principes unitaires en rejetant la doctrine du châtiment éternel en enfer et en soutenant que le diable finira par devenir bon et que Dieu sera tout en tous. Mais une telle vision ne pouvait retenir l'attention à une époque où le christianisme, uniquement parce qu'il n'était pas profondément et systématiquement dualiste, se sentait mis en danger par ce dualisme tout à fait cohérent et approfondi qui, sous le nom de manichéisme, s'avança une fois de plus contre l'Europe depuis l'époque perse. frontière. Bien que le manichéisme ait semblé subir une défaite, l'un de ses anciens adeptes, Augustin, a néanmoins insufflé son esprit dans l'Église. Au cours du siècle qui suivit, la migration germanique détruisit, avec les dernières écoles, les derniers vestiges de la culture gréco -romaïque. Les Barbares furent persuadés de recevoir le baptême, souvent par la pompe et la tromperie ; leurs divinités, comme autrefois les habitants de l'Olympe, furent dégradées au rang de démons maléfiques. Tout ce qui était antérieur à leur union avec l'Église ou qui en était déconnecté, les vieilles expériences et traditions de ces nations converties, tout était condamné et renvoyé au monde du mal. La domination du dualisme oriental en Europe était définitivement établie et la longue nuit du Moyen Age s'était installée. Six siècles séparaient Proclus, le dernier néoplatonicien de quelque importance, et Augustin, le dernier des Pères instruits en philosophie, d'Anselme, le fondateur. de la scolastique ! Entre eux s'étend une étendue dans laquelle Grégoire le Grand et Scot Érigène sont presque les seules étoiles, et celles-ci ne sont en aucun cas de première grandeur. «Il y a des déserts dans le temps comme dans l'espace», explique Bacon.

Lorsqu'une faible tentative d'activité scientifique fut à nouveau possible, l'érudit moine fut assez heureux de posséder quelques feuilles maculées d'Aristote, obtenues, mais non directement, des Arabes. Sur ces feuilles, il lut avec étonnement et admiration la méthode d'une enquête logique. C'était, pour le reste, Hermès Trismégiste, Denys Areopagita (la traduction de Scot Erigène), et d'autres œuvres mystiques de ce genre, de mains inconnues, avec ici et là des touches de néoplatonisme qui avaient été insérées par le scholiaste rêveur lorsqu'il avait besoin de matière à écrire. complétant la cosmologie dont il avait trouvé les principes dans les dogmes de l'Église.

Bien entendu, l'âge des ténèbres ne pouvait pas percevoir, et encore moins admettre, la relation intime existant entre ses vues cosmiques et celles de Zoroastre ; mais on peut encore en déceler un vague soupçon. Les savants du Moyen Âge attribuaient à Zoroastre la fondation des sciences magiques. Sprenger (auteur de Malleus Malificarum , dont ci-après ouvrage fatal), Remigius, Jean Bodin , Delrio et plusieurs autres juristes et théologiens, qui ont acquis une triste notoriété comme juges de procès en sorcellerie, attribuent dans leurs écrits l'origine de la sorcellerie à Zoroastre.

La notion dualiste n'a pas été modifiée après l'entrée dans le christianisme, mais s'est intensifiée. La religion de Zoroastre, qui présuppose un bon premier principe [11] , permet au mal qui est apparu avec le temps, de disparaître au cours du temps ; et il se termine par la doctrine qui brille faiblement même dans le Nouveau Testament, de la « restauration finale de toutes choses » (ἀ π οκ ατ ά στασις π ά ντων), et par conséquent réduit le mal à quelque chose de simplement phénoménal. Cependant, dans les doctrines de l'Église, telles qu'elles ont été établies sous l'influence d'Augustin, le manichéen , le mal, bien que survenu dans le temps, est rendu éternel. Cette différence est d'une grande importance pratique et explique pourquoi le dualisme n'a pas porté les mêmes fruits terribles en Orient qu'en Occident. L'horrible séparation et le contraste avec lesquels la divina La comédie du Moyen Âge se termine, les lamentations et les malédictions qui surgissent de l'enfer pour intensifier le bonheur des rachetés, forment une conception si révoltante qu'elle ne pourrait être incorporée à la pensée et au sentiment sans les rendre sauvages. Compassion, bienveillance, amour, ces qualités par lesquelles l'homme se sent apparenté au divin, perdent leur signification et sont dépouillées de leur sceau éternel, lorsqu'elles ne se retrouvent plus chez son Créateur que comme limitées ou plutôt suspendues par l'action d'un autre. qualité que l'homme pieux s'efforcera d'appeler justice, mais qu'une voix irrépressible du plus profond de son âme appelle cruauté. À cela s'ajoute une autre considération importante. Le serviteur d' Ormuzd n'est pas plus la propriété du diable que la terre sur laquelle il foule les pieds. Certes, il est entouré de toutes parts par la trahison d'Ahriman et de tous les démons, mais cela uniquement parce qu'il est appelé et déjà doté du pouvoir pour être le champion du Bien sur la terre. C'est à ce titre qu'il se trouve placé dans le tumulte de la bataille. La puissance du bien qui lui a été communiquée une fois et constamment renouvelée par la prière, est aussi la sienne ; il peut l'utiliser sans se perdre dans la question embarrassante où cesse la liberté et où commence la grâce. Quiconque adhère à la doctrine de la lumière est autonome. Cela est vrai de chaque serviteur d' Ormuzd ; Zoroastre n'a fait à cet égard aucune distinction entre prêtre et laïc. Même la croyance en l'autorité, en soi une atteinte à la liberté de la personnalité, lui réserve dans cette forme de religion un espace libre et inviolable.

Dans l'Église du Moyen Âge, le cas est différent, et il ne peut être mieux présenté que dans les paroles suivantes du néo-luthérien Vilmar , lorsqu'il conserverait absolument au clergé « le pouvoir de maintenir l'unité de la congrégation par la parole, les sacrements et l'autorité ecclésiastique, le pouvoir de fendre la tête du péché d'un seul mot, le pouvoir de descendre dans une âme dans laquelle l'ennemi a répandu les ténèbres de la folie et de forcer les genoux provocants du maniaque à plier et ses poings frénétiques de se replier dans la prière, oui, le pouvoir [nous avons ici le point culminant, qui est plutôt apprivoisé après ce qui précède] de descendre dans une âme dans laquelle l'ancien ennemi a établi sa demeure, et d'y combattre le géant insolent depuis les royaumes des ténèbres face à face et les yeux dans les yeux. Tout cela, continue Vilmar , lui-même un peu un prestidigitateur frénétique qui veut faire sortir de sa tombe le fantôme du Moyen Âge, tout cela n'est pas au pouvoir de la congrégation ni du ministère, qui ne sont pas dotés de l'autorité requise. , commission, mandat et pouvoir. La congrégation (*c'est -à-dire* les laïcs) n'est pas capable de regarder dans les yeux furieux du diable ; car ce qui est prophétisé sur les derniers jours, selon lequel même les élus, s'il était possible, devraient être séduits, s'applique avec plus de force à l'apparition particulière de Satan dans ce monde : devant elle, la congrégation est dispersée comme des flocons de neige, non séduite mais terrifié à mort. Seulement nous (le clergé) sommes sans terreur et sans peur ; car celui qui a rejeté le prince de ce monde nous a placés devant l'horrible œil de serpent du grand démon, devant sa bouche blasphématoire et méprisante, devant son visage infernalement déformé. [12] Ces paroles, sorties de la plume d'un dualiste fanatique de notre époque, représentent bien, comme indiqué ci-dessus, les vues communément reçues sur le Moyen Âge ; et il n'est donc pas étonnant que les générations médiévales , abandonnant leur personnalité, se soient jetées précipitamment, pour être sauvées, dans les bras de l'institution magique de la délivrance. Les phénomènes qui sont décrits dans les pages suivantes ne sembleront pas aussi arbitraires et étranges après ce coup d'œil introductif à la philosophie du Moyen Âge, qu'ils pourraient le paraître à première vue. Même eux sont le produit d'une nécessité intérieure. S'il était possible — et les tentatives déplorables ne manquent pas — de faire revivre dans les pensées, les sentiments et l'imagination de l'humanité les dogmes des temps médiévaux , nous assisterions alors à une reconstitution partielle de leurs terribles scènes. Les représenter n'a pas seulement un intérêt purement historique, mais aussi une mise en garde et un intérêt pratique.

II.
LA MAGIE DE L'ÉGLISE.

La magie est le signe avant-coureur de la science . Dans l'histoire du développement humain, la perception obscure précède la perception claire, et la domination de l'imagination celle de la raison. Avant que celle-ci puisse entreprendre la tâche laborieuse de relier entre eux par ses propres lois les faits de l' expérience externe et interne, avant qu'il y ait une quelconque philosophie ou science naturelle, l'imagination s'est mise en mouvement dans la création de la magie.

Comme la science, la magie dans sa forme originale repose sur le principe selon lequel toutes les choses existantes sont concaténées. La science recherche les liens d'union de manière à la fois déductive et inductive ; la magie, cherchant son appui dans les ressemblances extérieures des choses existantes, et dans une vague assurance du pouvoir de la volonté et des mots, établit librement cette liaison au moyen d'associations arbitraires entre objets incongrus . L'homme engagé dans une lutte pour l'existence physique, vise moins à *la connaissance théorique* qu'à la *capacité pratique* . La connaissance des mystères fournira les moyens de devenir acceptable à son Dieu, inaccessible aux influences néfastes, et maître de son existence et de sa destinée présentes et futures.

Les usages magiques qui existent chez tous les peuples présentent une variété de formes presque infinie. Mais en fin de compte, ils peuvent tous être réduits à un seul type.

L'expérience quotidienne enseigne qu'il existe entre chaque cause et son effet une certaine quantité de force proportionnelle. Or, puisque l'effet recherché en recourant à la magie est d'une nature extraordinaire, les moyens que prescrit l'art magique doivent posséder une efficacité extraordinaire, telle que la raison ne peut la prédire ni a priori ni par un raisonnement *inductif* . En outre, l'expérience nous enseigne que la volonté, en tant que simple désir inerte, non encore exprimé en action, n'atteint pas son but. La puissance magique ne peut donc pas être recherchée dans la simple volonté en tant que telle, mais il faut y ajouter l'action, cette action des sens que la volonté utilise comme moyen et dans laquelle elle se révèle, que ce soit la force de ce sens-moyen, comme le suppose la magie originelle, dépend de sa connexion mystique mais nécessaire avec l'objet correspondant dans une sphère supérieure (par exemple, la connexion entre les métaux et les planètes), ou comme dans la magie de l'Église, d'une décision arbitraire de Dieu, ordonnant qu'un moyen donné, employé comme prescrit par lui, produise un effet inconcevable par la raison. Dans tout emploi de la magie entre donc en premier lieu le facteur spirituel subjectif , la volonté (dans le langage de l'Église, la foi) ; 2° les moyens sensuels : le fétiche, l'amulette, l'eau bénite, l'hostie, la formule d'exorcisme, la cérémonie, etc. ; et troisièmement, le pouvoir incompréhensible (« surnaturel ») que possède ce terme, approprié par la volonté (ou la foi), dans l'acte magique.

La croyance en la magie se retrouve chez toutes les nations. Chez les partisans d'une vision unitaire, elle était destinée à être de plus en plus reléguée au second plan par le développement de la spéculation et des sciences naturelles. Chez eux, il n'existait également qu'une seule forme de magie, bien que ceux qui possédaient son secret étaient considérés comme capables de l'exercer dans un but aussi bien utile que nuisible. Ce n'est que parmi les nations ayant des vues dualistes que nous rencontrons la magie sous deux formes : chez les prêtres, un *blanc* et un *noir*, le premier comme le bon don d' Ormuzd , le second comme le mauvais don d'Ahriman ; chez les chrétiens du moyen âge, une magie *céleste* et une *magie diabolique* , la première étant un privilège de l'Église et conférée par Dieu comme une arme pour aider à la conquête de Satan ; ce dernier est un art infernal pour favoriser l'incrédulité et la méchanceté. Dans une théorie unitaire, la magie n'est qu'une préparation à la philosophie naturelle et lui cède progressivement la place, jusqu'à ce qu'elle soit confinée aux classes les plus inférieures comme une relique d'un stade de développement passé. Les systèmes religieux dualistes, au contraire, se fondent dans une union intime avec la magie, lui confèrent le même pouvoir universellement et éternellement valable qu'ils s'attribuent et la placent sur leur propre trône sous la forme d'un secret divin et sacramentel. C'est seulement ainsi que la foi en la magie peut imprimer de son sceau particulier des époques et des périodes entières de la culture ; ce n'est qu'ainsi – après sa séparation en céleste et diabolique, et dans cette relation causale avec le bien ou le malheur temporel ou éternel de l'homme dans lequel il est placé – qu'il acquiert une souveraineté absolue sur l'imagination et les émotions d'un peuple.

Notre considération sur la magie du moyen âge peut commencer par une description de la magie céleste ou privilégiée, c'est-à-dire *celle de l'Église* ; afin que l'on puisse procéder dans l'ordre naturel à la magie mal réputée des *savants* (astrologie, alchimie, sorcellerie), et à la magie *populaire persécutée* (dont l'Église voyait la forme réellement diabolique) ; et terminer par le récit de la terrible catastrophe provoquée par la lutte qui fit rage entre eux.

Ce n'est pas la faute de l'écrivain si le lecteur trouve dans la magie de l'Église une caricature du sacré, où le comique est contrebalancé par le répulsif. Plus la représentation doit être objective, plus ses traits deviennent désagréables. Nous serons donc brefs.

Comme une mère attentionnée, l'Église chérit et prend soin de l'homme, et l'entoure du berceau à la tombe de ses garde-fous magiques. Peu de temps après la naissance d'un enfant, le prêtre doit être prêt à l'asperger d'eau bénite, qui, par la prière et la conjuration, a été purifiée de la pollution des démons habitant même cet élément. Car les faibles étant engendrés dans le péché et par nature propriété de Lucifer, sans la grâce du baptême, seraient éternellement perdus pour le ciel et éternellement voués aux tourments de l'enfer. [14]

C'est pourquoi plus d'un serviteur consciencieux de l'Église a essayé de trouver un moyen par lequel l'eau salvatrice pourrait être mise en contact avec l'enfant avant qu'elle ne voie le jour. Pourtant, cette mesure de précaution n'a jamais été officiellement adoptée. L'efficacité de l'eau du baptême dépasse celle de la piscine Bethesda, qui éliminait uniquement les infirmités corporelles. Le baptême sauve des millions d'âmes de l'enfer. Prévoyant cela, le diable, rempli de mauvaises intentions, avait décidé, déjà avant l'avènement du christianisme, d'avilir et de mépriser ce sacrement en en faisant, par anticipation, une copie dans les mystères de Mithra institués par lui, qui imitent insolemment par ailleurs les mystères de l'Église.

Dans le baptême, d'autres moyens, consacrés par le prêtre, coopèrent avec l'eau : à savoir l'huile, la salive (que le prêtre après le baptême laisse tomber sur l'enfant, et dont l'efficacité dérive de Marc VII, 33). , le sel, le lait et le miel. [15] En outre, il y a le signe de la croix et la conjuration qui chassent le tentateur de l'enfant et préparent la place au Saint-Esprit. Par ces cérémonies magiques, l'enfant est reçu dans l'Église et participe désormais à la protection qu'elle donne contre le mal.

L'eau baptismale ou bénite, lorsqu'elle est bue par les malades et les infirmes, guérit et fortifie ; s'il est répandu sur les champs, il favorise la fertilité, ou s'il est donné aux animaux domestiques, il leur offre une protection contre la sorcellerie.

De même que le baptême est le premier sacrement salvateur et sanctifiant offert à l'homme, de même l'onction à l'huile sainte, administrée aux mourants, est le dernier. Entre eux, l'Eucharistie est une source éternelle de pouvoir et de sanctification, l'Eucharistie dans laquelle « le pain et le vin, placés sur l'autel, après la consécration accomplie, sont la vraie chair et le vrai sang de Dieu, lesquels chair sont touchés de manière perceptible par les sens (sensualiter) . par les mains du prêtre et mâché par les dents du croyant. [16] Quand le prêtre a prononcé la formule de transformation, il élève l'hostie, [17] désormais non plus le pain mais le corps du Christ, l'assemblée s'agenouille et le tintement des cloches proclame au voisinage que la plus grande de toutes les œuvres de la magie est accomplie. Consommée par les fidèles, la chair du Christ entre dans leur propre chair et dans leur sang et fortifie merveilleusement l'âme et le corps. [18] Les hérétiques d'Arras qui croyaient que la justice était nécessaire au salut et doutaient de la doctrine de la transsubstantiation, furent convertis dès que Mgr Gerhard leur dit qu'au temps de Grégoire le Grand, le pain consacré avait pris, devant une femme qui doutait. , la forme du doigt saignant du Christ. Un pieux ermite, qui commençait à être affligé du même doute, retrouva la foi lorsqu'à la communion il vit un ange appliquer le couteau sur l'enfant Jésus, au moment même où le prêtre rompait le pain. Il y a beaucoup de choses dans les légendes et les chroniques sur les Juifs qui, s'étant secrètement procuré l'hostie, et, pour se venger du Christ, se mettant à la percer avec un couteau, virent le sang couler en abondance ; parfois, en effet, un beau garçon ensanglanté se révèle soudainement. De telles histoires circulant librement conduisirent à de sévères persécutions (comme à Namur, 1320). [19]

Si l'Eucharistie est un partage de nourriture qui fortifie les fidèles dans leur lutte contre le péché, le signe de la croix doit être considéré comme son épée, et l'amulette sacrée comme son armure. La croix est le signe par lequel le chrétien vaincra. [« *In hoc signo vince* . »] Avec cela, il doit commencer chaque acte ; avec lui, il repousse toutes les attaques des démons. « Celui qui veut s'en convaincre, dit saint Athanase, n'a qu'à faire le signe de croix, devenu si ridicule aux païens, devant les illusions moqueuses des démons, les tromperies des oracles et des dieux. les mages ; et aussitôt il verra le diable fuir, les oracles confondus et toute magie et sorcellerie vengées. Les amulettes employées par l'Église sont diverses : médailles à l'effigie de Marie, images consacrées, notamment les soi-disant agneaux de Dieu [20] (agnus Dei), dont la fabrication et la vente sont réservées à la tête par une bulle papale de 1471. de l'Église romaine. Si ceux-ci rapportent au clergé d'immenses sommes d'argent, ils possèdent aussi un grand pouvoir. Ils protègent contre les dangers du feu ou de l'eau, contre les tempêtes et la grêle, contre la maladie et la sorcellerie. [21] Outre les amulettes, les soi-disant billets de conception, que les moines carmélites vendent pour une petite somme, sont d'une utilité multiple. Ces billets sont faits de papier consacré, et guérissent, s'ils sont avalés, les maladies naturelles et surnaturelles ; déposé dans un berceau, garde l'enfant contre la sorcellerie ; enterrée au coin d'un champ, protégez-la des intempéries et des insectes destructeurs. Les billettes de conception sont placées sous les seuils des maisons et des granges, attachées aux fûts de bière et aux beurriers pour éviter la sorcellerie. Ils sont fabriqués par les moines selon un formulaire authentifié qui, comme caractéristique et relativement bref, mérite d'être cité :

« Je t'en conjure, papier (ou parchemin), toi qui réponds aux besoins de l'humanité, qui es le dépositaire des actes merveilleux et des lois saintes de Dieu, comme aussi, selon l'ordre divin, le contrat de mariage entre Tobias et Sarah a été écrit sur toi, le Les Écritures disent

: Ils prirent du papier et signèrent leur alliance de mariage. Par toi, ô papier, le diable a aussi été vaincu par l'ange. Je t'adjure par Dieu, le Seigneur de l'univers (signe de croix !), le Fils (signe de croix !) et le Saint-Esprit (signe de croix !), qui étend les cieux comme un parchemin sur dont il décrit comme à caractères divins sa magnificence. Bénis (signe de croix !), ô Dieu, sanctifie (signe de croix !) ce papier afin qu'il fasse échouer l'œuvre du Diable !

« Celui qui portera sur sa personne ce papier écrit avec des paroles saintes, ou l'apposera sur une maison, sera libéré des visites de Satan par l'intermédiaire de celui qui vient juger les vivants et les morts.

"Nous laisse prier.

« Dieu puissant et invincible, le Dieu de la vengeance, le Dieu de nos pères, qui as révélé par Moïse et les prophètes les livres de ton ancienne alliance et de nombreux secrets de ta bonté, et qui as fait écrire l'Évangile de ton Fils par le évangélistes et apôtres, bénissez (signe de croix !) et sanctifiez (signe de croix !) ce papier afin que votre miséricorde soit manifestée à toute âme qui portera avec elle cette chose sacrée et ces saintes lettres ; et que toutes les persécutions contre lui par le diable et par les tempêtes de la sorcellerie satanique puissent être contrecarrées par le Christ notre Seigneur. Amen.

"(Le papier à asperger d'eau bénite.)"

Avec les amulettes et ces billets de conception appartiennent aussi à l'armurerie de l'Église, les reliques miraculeuses et les images des saints. Dieu a gracieusement ordonné que l'Église n'abandonne pas sa bataille contre les puissances du péché faute d'armes. Ses moyens offensifs et défensifs sont multiples. Ses guerriers, les prêtres, sont comme des chevaliers enveloppés de mailles de la tête aux pieds et armés de lance, d'épée, de poignard et d'étoile du matin. Presque chaque district a son trésor de reliques qui, conservées dans des sanctuaires et exposées dans des occasions solennelles aux gens pieux, constituent son palladium, empêchent ou empêchent l'attaque des forces hostiles, et atténuent ou préviennent les ravages des épidémies. Non seulement les reliques corporelles des saints et des martyrs, mais aussi tout ce qu'ils ont pu toucher au cours de leur vie, même les gouttes de rosée sur leurs tombes, sont une terreur pour les démons et un moyen de force spirituelle et physique pour les fidèles. . Les propriétés miraculeuses des images sont relatées dans une centaine de légendes. Par l'action directe de la puissance divine, il existe sans interruption entre eux et les personnes qu'ils représentent une relation mystique. Là-dessus, saint Hiéronyme jette un peu de lumière lorsqu'il s'écrie contre Vigilantius , qui s'était aveuglément opposé au culte des images : « Vous osez prescrire des lois à Dieu ! Vous prétendez enchaîner les apôtres afin qu'ils soient gardés dans leur prison jusqu'au Jour du Jugement, et se voient refuser le privilège d'être avec leur Seigneur, bien qu'il soit écrit qu'ils seront avec Lui partout où ils iront ! Si l'Agneau est omniprésent, nous devons croire que ceux qui sont avec l'Agneau sont également omniprésents. Si les diables et les démons parcourent le monde et, par leur inconcevable rapidité de mouvement, sont présents partout, alors les martyrs, après avoir versé leur sang, devraient rester enfermés dans leurs cercueils et ne jamais pouvoir en sortir !

De même que la vieillesse et la mort sont des conséquences de la chute d'Adam, de même presque toutes les maladies produites par ce pouvoir sur la nature corporelle de l'homme concédé à Satan, lorsque Dieu a prononcé sa malédiction sur la race humaine. De même , les autres maladies et infirmités de l'homme, qualifiées à tort ou à raison de naturelles, sont guéries avec la plus grande certitude en invoquant l'aide de Dieu. Donc médiatrice entre Dieu et les hommes, l'Église, à travers ses serviteurs, est le seul médecin sûr et légitime. [« *Opération Sanandi est in ecclesia per verba , ritus , exorcismos , aquam , salem , herbas , idque nedum contra diabolos et effectus magicos , sed et morbos omnes.* »] Le prêtre opère les guérisons au nom de l'Église et au nom de Dieu au moyen de la prière, de l'imposition des mains, de l'exorcisme, des reliques et des moyens naturels consacrés, notamment l'eau, le sel et l'huile. Ce faisant, il agit comme le délégué visible d'un médecin supérieur invisible, le saint ordonné par Dieu pour être le guérisseur de la maladie. Car chaque affliction a son médecin parmi les saints. Saint Valentin guérit l'épilepsie, Saint Gervasius les douleurs rhumatismales, le cancer et les tumeurs de Saint Michel de Sanatis , la toux de Saint Judas, la surdité de Saint Ovide , les fièvres contagieuses et les morsures venimeuses de Saint Sébastien, le mal de dents de Sainte Apollonia, Sainte Claire et Sainte ... Lucia rhumes dans les yeux, et ainsi de suite. Les légendes racontent les merveilleux effets des pouvoirs de guérison possédés par saint Damien , saint Patrick et saint Hubert. La terrible maladie de l'hydrophobie a été guérie par ce dernier. Dans les cloîtres luxembourgeois portant le nom de ce saint, l'hydrophobie était guérie plusieurs années après sa mort en amenant les affligés dans l'église pendant le déroulement du service et en pressant un cheveu du manteau du saint dans une légère incision pratiquée pour l'occasion dans son front. Pour le bénéfice de ceux qui habitaient loin du cloître, les soi-disant « bandes d'Hubert » et « clés d'Hubert » furent consacrées ; ceux-ci étaient appliqués, chauffés à blanc, sur la plaie. [22] Des agences curatives similaires pourraient être mentionnées par centaines.

Parmi toutes les afflictions, l'état d'être possédé par les démons occupe la place la plus remarquable dans les annales de l'Église, et on voit qu'il a nécessité les exorcismes les plus puissants pour sa guérison. La pathologie ecclésiastique déclare que dans cette maladie le diable est découvert, tandis que dans toutes les autres il est caché. L'exorciseur qui doit expulser le démon apparaît en tenue sacerdotale complète ; on allume de l'encens et des cierges de cire consacrée, on asperge d'eau bénite tous les objets entourant le démoniaque, on purifie l'air ambiant par la prononciation de certaines formules ; puis suivent de ferventes prières et enfin la lutte désespérée et terrible entre le démon, maintenant convulsivement déformant les membres de sa victime et prononçant par ses lèvres les blasphèmes les plus déchirants, et le prêtre, qui emploie des adjurations de plus en plus puissantes jusqu'à ce que la victoire lui appartienne enfin. .

L'art médical profane – qui s'appuie sur des moyens naturels – comme étant soit superflu, soit aussi fortement entaché d'hérésie, doit être méprisé. La dissection, pour étudier la structure du corps humain, est une présomption ; on peut même se demander avec raison si elle n'argumente pas sur le mépris de la doctrine de la résurrection finale. L'art profane de guérir fut donc longtemps réservé aux juifs infidèles. Mais lorsque les princes et les riches, comprenant faiblement l'insuffisance de la parole, des reliques et des remèdes consacrés, eurent commencé à entretenir des médecins, l'art profane de la médecine devint une profession lucrative, et des écoles pour sa culture furent établies sous la protection royale. Telle est celle de Salerne, que les gardiens de Sion ne peuvent considérer sans suspicion. C'est une école qui prescrit des règles pédantes en matière d'alimentation, comme si son alimentation pouvait protéger des attaques du diable ! Le païen grec Hippocrate, qui a longtemps erré avec les Juifs et les Arabes, trouve ainsi enfin une demeure sédentaire dans ses murs, Hippocrate qui a dû affirmer du démonianisme (*morbus sacer*) lui-même qu'il n'est « nullement plus divin, nullement plus infernale que toute autre maladie ! Quand l'enseignant est tel, que doivent être les disciples ? L'Église n'interdit pas absolument la pratique de la médecine, puisqu'elle peut faire du bien en cas de dommage extérieur ou en temps de peste ; mais elle doit veiller strictement à l'orthodoxie de ceux qui cultivent cet art. Dans plusieurs conciles (comme à Reims en 1131, au deuxième Latran en 1139, à Tours en 1163), elle a vigoureusement interdit à ses serviteurs de se mêler de cette profession suspecte. L'expérience nous a cependant appris à ne pas exagérer les dangers qui l'accompagnent. Les médecins laïcs doivent souvent admettre que telle ou telle maladie est provoquée par la sorcellerie et, par conséquent, d'origine surnaturelle. Les calomniateurs pourraient prétendre qu'une telle déclaration est plus pratique qu'une enquête naturelle sur les causes de la maladie, et moins désagréable que de reconnaître son ignorance. Quoi qu'il en soit : la concession implique une reconnaissance du surnaturalisme de l'Église et peut donc être plutôt recommandée que réprimandée.

« C'est, dit Thomas d'Aquin, un dogme de foi que les démons peuvent produire du vent, des tempêtes et des pluies de feu du ciel. L'atmosphère est un champ de bataille entre anges et démons. Les seconds travaillent au préjudice constant de l'homme, les premiers à son amélioration ; et la conséquence est cette variabilité du temps qui menace de frustrer les espoirs de l'agriculture. Et quand Lucifer est capable de conférer même à l'homme — aux sorciers et aux magiciens — le pouvoir de détruire les champs, les vignes et les habitations de l'homme par la pluie, la grêle et la foudre, il faut se demander si l'Église, qui est la protection de l'homme, contre le diable, et dont la vocation particulière est de le combattre, devrait-il dans ce domaine aussi être son contre-poids, et devrait-il chercher dans le trésor de sa puissance divine des moyens adéquats pour contrecarrer ses méfaits atmosphériques ? A ces moyens appartiennent les cloches des églises, à condition qu'elles aient été dûment consacrées et baptisées. Les clochers aspirants autour desquels se groupent les basses habitations des hommes sont comparables, quand les cloches y sonnent, à la poule déployant ses ailes protectrices sur ses poules ; car les tons du métal consacré repoussent les démons et préviennent les tempêtes et les éclairs » (« *Vivos voco*, *mortuos plango*, SULPHURA FRANGO », une inscription courante sur les cloches des églises). Les cultivateurs du sol qui désirent une protection particulière de la part de l'Église pour leurs récoltes, lui paient la dîme en échange d'une bénédiction. Pendant une sécheresse prolongée, les prêtres intercèdent et inaugurent des processions de pluie, au cours desquelles des images de la Vierge sont portées dans les champs, qui sont aspergés d'eau bénite pendant que l'on chante la collecte du temps. [23] Si les champs sont visités par des insectes nuisibles, l'Église a aussi des remèdes contre eux. Il leur ordonne au nom de Dieu de partir, et s'ils n'obéissent pas, un procès régulier est institué contre eux, qui aboutit à leur châtiment exemplaire ; car ils sont excommuniés par l'Église. De tels procédés étaient très fréquemment utilisés au Moyen Âge, et quelques exemples de ce type seront cités.

En 1474, le bug de mai commet de grandes déprédations dans les environs de Berne. Lorsque les autorités de la ville eurent demandé secours à l'évêque de Lausanne, Benoît de Montferrand , contre ce fléau, celui-ci résolut d'émettre une lettre d'excommunication, qui fut solennellement lue par un prêtre dans le cimetière de Berne. « Toi, créature irrationnelle et imparfaite, tu peux être un bug », ainsi commençait la lettre, « toi dont l'espèce n'a jamais été enfermée dans l'arche de Noé ! au nom de mon gracieux seigneur l'évêque de Lausanne, par la puissance de la Trinité glorifiée par les mérites de Jésus-Christ, et par l'obéissance que vous devez à la Sainte Église, je vous commande des may-bugs, tous en commun et chacun en particulier, de s'éloigner de tous les lieux où germe et croît la nourriture des hommes et du bétail. La lettre se termine par une sommation aux insectes de se présenter le sixième jour après, s'ils ne disparaissent pas avant cette heure, à une heure de l'après-midi, à Wivelsburg, ET d'assumer la responsabilité devant la cour du gracieux seigneur. de Lausanne. Cette lettre était également lue en chaire tandis que l'assemblée, à genoux, répétait « trois Paternoster et trois Ave

Maria ». Des dispositions ont été prises au préalable pour un procès judiciaire en accordant une attention particulière à toutes les formes professionnelles. Parmi celles-ci, il y avait évidemment la nécessité pour l'accusé d'avoir un avocat. Mais comme aucun avocat à Berne ne consentait à comparaître en faveur des insectes, l'évêque imagina de faire venir de l'enfer l'ombre d'un infâme avocat nommé Perrodet, décédé quelques années auparavant, et de lui ordonner de plaider la cause. des mai-bugs avec la même diligence dont il avait si souvent fait preuve au cours de sa vie pour défendre de vils clients. Mais malgré de nombreuses convocations , ni Perrodet ni ses clients n'ont daigné se présenter. Après l'expiration du délai fixé pour commencer la défense , et lorsque certains doutes sur la forme de la procédure furent levés, le tribunal épiscopal rendit enfin son verdict, qui était l'excommunication au nom de la Sainte Trinité, « à toi, maudit de la vermine, qu'on appelle des punaises de lit, et qu'on ne peut même pas compter parmi les animaux. Le gouvernement ordonna aux autorités du district affligé de faire rapport sur les bons effets de l'excommunication ; "Mais", se plaint une chronique de l'époque, "aucun effet n'a été observé, à cause de nos péchés."

Comme on pensait que toute négligence des formes juridiques privait un jugement de son pouvoir magique aussi bien que juridique, le soin le plus scrupuleux a été apporté à la conduite de ces processus fréquemment récurrents contre les punaises de mai, les sauterelles, les vers du chou, les rats des champs et autre vermine nuisible. Il existe encore un document détaillé et lumineux du savant Bartholomeus Chassanæus (né en 1480), dans lequel la question de savoir si et comment de tels nuisibles doivent être poursuivis devant les tribunaux est soigneusement examinée : s'ils doivent comparaître personnellement ou par un député ; s'ils sont soumis à un tribunal spirituel ou séculier, et si la peine d'excommunication peut leur être appliquée. Il prouve par de nombreux arguments que la juridiction devant laquelle ils sont responsables est la juridiction spirituelle et qu'ils peuvent à juste titre être excommuniés. La question de la compétence restait cependant en suspens, et une poursuite civile contre les rats des champs au Tyrol, en 1519-1520, prouve entre autres choses qu'un tribunal laïc se considérait parfois justifié de trancher de telles poursuites. Le paysan Simon Fliss comparut devant Guillaume d' Hasslingen , juge à Glurns et Mals (Ober-In-valley), comme plaignant contre les rats des champs qui commettaient de grandes déprédations dans sa paroisse. Le tribunal désigna alors Hans Grinebner , citoyen de Glurns , comme avocat de l'accusé et lui fournit, devant témoins, la commission requise. Le plaignant a alors choisi comme avocat Schwarz Minig et a obtenu du tribunal, sur demande, un mandat d'autorisation pour lui également. Le jour du procès, le mercredi après la Saint-Philippe et la Saint-Jacques, de nombreux témoins furent interrogés, établissant que les rats avaient causé de grandes destructions. Schwarz Minig a ensuite plaidé pour que les animaux nuisibles soient chargés de se retirer des méfaits, sinon les habitants de Stilf ne pourraient pas payer la dîme annuelle à leur haut patron. Grinebner, l'avocat de la défense, ne pouvait et ne voulait pas faire exception à ce témoignage, mais tenta de convaincre le tribunal que ses clients « jouissaient d'un certain droit d'usufruit qui ne pouvait guère leur être refusé ». Si le tribunal était d'un autre avis et jugeait préférable de les expulser, il espère néanmoins qu'on leur accordera d'abord un autre endroit où ils pourront subvenir à leurs besoins. Il faudrait en outre leur donner à leur départ une escorte suffisante pour les protéger contre leurs ennemis, chat, chien ou autres adversaires ; et il espérait également que, si l'une des rats était enceinte, on pourrait lui laisser le temps de mettre bas et de repartir ensuite en toute sécurité avec sa progéniture. La décision a été rendue dans les termes suivants : « Après accusation et défense, après constat et contradiction, et après mûre considération de tout ce qui relève de la justice, il est par cette sentence déterminé que ces animaux nuisibles qu'on appelle rats des champs doivent, dans les limites deux semaines après la promulgation de ce jugement, partez et restez pour toujours loin des champs et des prairies du Stilf . Mais si une ou plusieurs bêtes sont enceintes, ou ne peuvent pas les suivre en raison de leur jeunesse, elles jouiront pendant encore deux semaines de la sécurité et de la protection de tous , et après ces deux semaines, elles partiront.

Nous pouvons nous faire une idée de l'immense pouvoir de la prière et de l'exorcisme lorsque nous considérons que l'influence de la volonté et de l'idée exprimée dans la parole coopère en eux avec la puissance de la parole elle-même comme simple forme. Pour le mot matériel, le son capté par l'oreille, la formule, en tant que telle, exerce un effet magique sans qu'on en connaisse le sens. La masse du peuple, avec son ignorance de la langue officielle de l'Église et du savoir, serait dans une mauvaise situation si ces « Paternosters » et « Ave Marias », mémorisés sans les comprendre, étaient spirituellement inefficaces, si le latin la messe que l'assemblée écoute devrait manquer de puissance édifiante et sanctifiante parce qu'elle n'est pas comprise. Les formulaires de l'Église établis à différentes époques et à des fins diverses sont pour cette raison d'une grande importance et doivent être suivis consciencieusement. [24] Une seule preuve de leur puissance extraordinaire peut être citée ici. En 1532, le diable fit monter dans le ciel une énorme comète qui menaça la terre et l'homme de sécheresse et de peste ; mais le pape bannit solennellement ce présage menaçant, et voici ! en peu de temps, il disparut, ayant diminué de jour en jour grâce au pouvoir de l'anathème papal. La légende de l'étourneau apprivoisé , qui fut sauvé des griffes du faucon juste au moment où son agonie lui avait arraché les mots, indique ce qu'une parole sainte peut apporter en vertu de son seul son (flatus vocis) . il avait appris à répéter « Ave Maria ».

Sur la puissance de la parole, comme fondement, repose la coutume papale de consacrer du pain, du vin, de l'huile, du sel, des cierges, de l'eau, des cloches, des champs, des prairies, des maisons, des étendards et des armes. « De tels abus, de telles superstitions et d'arts diaboliques ont été remplis du sacerdoce pendant l'ascendant papal » — se plaint ainsi un vieux théologien protestant qui avait l'œil sur ce surplus de magie que possédait l'Église catholique en plus de celle de l'Église luthérienne, mais qui était aveugle au bien commun – et c'est pourquoi de telles choses sont en vogue même parmi les hommes ordinaires. Qu'y avait-il d'essentiel dans la messe, sinon les paroles miraculeuses de bénédiction, lorsque le prêtre prononçait les quatre mots ou les six syllabes « Hoc est *corpus meum* » (ceci est mon corps) sur le pain, soufflait dessus et fait trois fois le signe de la croix dessus, prétendant que le pain se transformait ainsi en chair du Christ ? De la même manière, il a transformé le vin du calice en sang du Christ, bien qu'un tel pouvoir ne soit pas donné aux syllabes et aux mots. Il liait le Saint-Esprit dans l'eau, le sel, l'huile, les cierges, les épices, la pierre, le bois ou la terre, lorsqu'il consacrait des églises, des autels, des cimetières, lorsqu'il bénissait la viande, les œufs, etc. et quand, la veille de Pâques, il consacra le feu pour qu'il ne fasse aucun dommage (bien que moi, Dieu me garde, j'ai découvert que notre village fut entièrement consumé quatre jours après une telle consécration), quand il baptisa et sanctifia les cloches pour que leur sonnerie puisse dissiper influences maléfiques, tempêtes tranquilles, etc.

L'organisation des monastères doit être considérée comme le système défensif de l'Église, gardant et protégeant le territoire qu'elle a conquis contre le diable. De même que les Mongols, lors de leur irruption en Europe, trouvèrent d'innombrables falaises couronnées de châteaux puissamment fortifiés, dont le nombre même dissuadait toute tentative de siège, ainsi Satan et ses armées trouvent le monde chrétien parsemé de forteresses spirituelles, dont chacune renferme un arsenal rempli d'armes. avec des armes puissantes pour la guerre offensive et défensive. Chaque monastère a son maître magicien, qui vend *des agni Dei* , des billets de conception, des encens magiques, du sel et des cierges consacrés le jour de la Chandeleur, des palmiers consacrés le dimanche des Rameaux, des fleurs arrosées d'eau bénite le jour de l'Ascension et bien d'autres appareils appartenant à au grand appareil magique de l'Église.

Cette machinerie consacrée étant si variée et si complète, on aurait pu s'attendre à ce que le peuple soit content et ne cherche pas d'autres expédients que ceux constamment à portée de main. Mais hélas! la magie d'un peuple d'origine infernale est répandue et rampante à côté de la magie sainte de l'Église ; et par cela, Satan tente les insouciants, les curieux et les indécis. Même de nombreux prêtres en sont contaminés. Le saint Boniface, ainsi que de nombreux papes et chroniqueurs moines après lui, déplorent amèrement que le bas clergé prépare des philtres d'amour et pratique les arts divinatoires, utilisant même les saintes dépendances de l'Église, comme hôte, pour fortifier l'efficacité de leurs charmes diaboliques.

Puisque l'Église s'efforce de réduire toutes les conditions de vie à l'harmonie avec elle-même, il s'ensuit naturellement qu'elle appose également son sceau à la jurisprudence humaine. Les épreuves qu'il a trouvées employées par quelques-unes des nations qu'il a converties conviennent exactement à son système. Elle les reçoit donc comme reposant sur une idée juste, [25] fait d'eux ce qu'ils n'étaient pas auparavant, une pratique courante, et donne des règles détaillées concernant les chants, les prières, les conjurations et les messes dont ils doivent être accompagnés. Lorsqu'une personne accusée ou suspectée doit subir l'épreuve de l'eau, par exemple, le prêtre doit la conduire à l'église et la faire s'agenouiller pour prononcer trois formules dans lesquelles Dieu est imploré pour sa protection. Suivent ensuite la messe et la sainte communion. Lorsque l'accusé reçoit l' hostie, le prêtre dit : « Que cette chair de notre Seigneur soit ton épreuve aujourd'hui. » Puis, en procession solennelle, la foule des témoins se rend à l'endroit où doit avoir lieu l'épreuve. Le prêtre évoque l'eau, expulsant les démons communs à cet élément, et lui ordonne d'être un instrument obéissant de Dieu pour révéler l'innocence ou le crime. L' accusé est vêtu de vêtements propres, embrasse la croix et l'évangile, récite un Paternoster et fait le signe de croix. Ensuite (lors de l'épreuve de l'eau chaude), sa main est tenue dans un chaudron bouillant : ou bien il est jeté, les mains attachées et une corde autour de la taille, dans une rivière. S'il ne coule pas, sa culpabilité est prouvée. L'épreuve du feu consiste à marcher sur des charbons ardents, ou à porter du fer chauffé au rouge, ou à être traîné à travers les flammes, vêtu d'une chemise saturée de cire. L'authenticité des reliques est aussi parfois testée par l'épreuve du feu . Lorsqu'en 1010 APRÈS J.-C. , des moines revenus de Jérusalem exhibèrent la serviette avec laquelle les disciples avaient essuyé les pieds du Christ, certains doutes sur son caractère authentique furent soulevés, mais furent tous levés par ce test. L'une des épreuves les plus courantes est le duel.

Dieu, invoqué par les serviteurs de l'Église, garde sa main protectrice sur l'innocence. Tout doute sur cette vérité plaide en faveur d'une pusillanimité confinant à l'athéisme. Cette pensée est à la base non seulement des différentes sortes d'épreuves, mais aussi du supplice qui, sans cesse étendu et intensifié sous les auspices de l'Église, était une forme de procès épargnant au juge beaucoup de travail et conduisant au but plus sûrement que la collecte des témoignages, qui, outre qu'elle est fastidieuse, n'apporte presque jamais une assurance complète. Shadrac, Méschac et Abed-Nego n'ont ressenti aucune douleur dans la fournaise ardente. Dieu donne à l'innocence à l'épreuve, sinon l'insensibilité à la douleur, du moins la force de la supporter. Mais même le grand démon, dans une certaine mesure, peut protéger ses sujets. Dans le cas des hérétiques et des sorciers, il faut donc recourir à la torture la plus intense ; épuiser, pour ainsi dire, jusqu'à la dernière goutte, les sources de la douleur dans les nerfs humains, sous la main d'habiles bourreaux. Si donc les instruments de torture sont préalablement conjurés et sanctifiés par le prêtre, et s'il se tient aux côtés de l'accusé prêt à interrompre par une question constante les formules diaboliques de soulagement que murmure sans doute intérieurement le malade, alors une confession franche et fiable peut on peut raisonnablement s'y attendre, malgré tous les efforts contraires du diable. Dans le « Marteau de sorcière » (Malleus Malificarum) le projet ecclésiastique et magique de justice célèbre son triomphe. Cet ouvrage, portant la sanction du pape, contient des instructions complètes à l'intention du juge qui préside les procès pour sorcières. C'est en fait un marteau qui écrase tout ce sur quoi il tombe. Le juge qui suit attentivement ces instructions peut être sûr que Satan lui-même ne peut sauver quiconque est accusé ; seuls Dieu et ses saints anges peuvent le sauver, par miracle direct, de la mort dans les flammes. [26]

Celui qui trouve douteuse la valeur d'un système judiciaire qui fait constamment appel à l'intercession de Dieu peut considérer que l'histoire de l'Église, les expériences de ses saints et de ses serviteurs sont une succession de miracles divins. Dieu n'est pas avare de ses miracles lorsqu'ils sont reconnus, et les serviteurs de l'Église sont en possession du pouvoir apostolique et du mandat pour les accomplir.

Une autre question est : comment distinguer les miracles divins des miracles infernaux ? Toutes les tentatives des scolastiques les plus pointus pour établir une règle de séparation définitive pour ces deux sortes de miracles ont échoué. Ils se révèlent sous des formes identiques, et même les perceptions morales ne peuvent déceler aucune différence, puisque Satan est capable de se transformer en ange de lumière. La raison doit aussi reconnaître son incapacité même à cet égard, et s'appuyer sur le Saint-Esprit toujours actif dans l'Église et surtout dans son chef. La puissance de la vérité et de l'inspiration divines qui fut déversée sur les apôtres le jour de la Pentecôte, a été transmise comme un courant magnétique de Pierre, le premier évêque de Rome, à ses successeurs par l'imposition des mains, et est dans une certaine mesure conférée, par le sacrement d'ordination, à chaque membre de la hiérarchie cléricale.

L'aperçu de la magie de l'Église qui a été présenté ci-dessus devrait peut-être être complété, non pas en poursuivant le chemin fastidieux qui nous attend par une description continue des coutumes et des opinions ecclésiastiques, mais en formulant simplement la vérité générale : Chaque symbole , *tout signe extérieur, auquel est attribué un pouvoir indépendant de sanctification et une influence morale immédiate, est Magie.* Puisse le lecteur protestant, pour qui nous écrivons ici, examiner avec cette maxime dans quelle mesure la Réforme, qui vise à restituer à l'autorité intérieure, à la raison et au libre arbitre de l'individu, ses droits, a réussi sa tâche. Luther et Calvin ont attaqué de nombreux usages magiques et ont élagué de nombreuses branches de l'arbre du dualisme, tout en laissant son tronc vigoureux rester indemne. Mais un système religieux dualiste, en raison de la théorie cosmique déraisonnable sur laquelle il repose, doit tôt ou tard attaquer à nouveau l'autorité intérieure et devenir l'autorité extérieure unique et absolue. Il doit nécessairement dégénérer en un fétichisme statuaire ou tomber devant une réforme unitaire complète. Notre époque est témoin du conflit entre ces idées opposées. D'un côté, la croyance en un adversaire spirituel personnel de l'humanité, prêchée aux masses depuis des milliers de chaires, est suspendue comme une épée de Damoclès au-dessus de la tête de la civilisation ; de l'autre, la philosophie et les sciences de la nature diffusent une théorie rationnelle et unitaire de l'univers et de l'existence humaine à travers un cercle sans cesse élargi. À celui qui souhaite prendre part à cette lutte de la plus haute importance, nous recommandons ces paroles du noble Bunsen : [27] « Partout dans la religion, ou dans l'État, ou dans la civilisation, dans l'art ou la science, l'intériorité est développée avec plus d'ardeur, et le spirituel recherché avec ardeur, que ce soit avec plus ou moins de transformation de ce qui existe, là le progrès est à portée de main ; car de l'intérieur la vie vient à l'extérieur, du centre à la circonférence. Il y a aussi le chemin qui mène à la vie. Là, de nouveaux chemins s'ouvrent à l'âme, et le génie lève ses ailes avec une assurance divine. Si cela est vrai, le contraire doit se produire partout où la vie extérieure est de plus en plus exaltée, où le signe dépasse de plus en plus l'essence, le symbole et l'œuvre extérieure, l'acte intérieur et la conscience, où la superficie est prise pour le contenu. , la monotonie extérieure pour l'uniformité de la vie et les apparences pour la vérité. Un avenir malheureux nous attend, quel que soit l'aspect du présent.

III.
LA MAGIE DES SAVÉS.

Nous nous trouvons dans un labyrinthe lugubre de rues étroites et sinueuses, débouchant de temps en temps sur un espace ouvert devant une salle des corporations ou une église. Les objets qui rencontrent notre regard dans cette ville étrange ne sollicitent ni pause ni réflexion ; car nous avons vu essentiellement le même type de maisons et d'humanité dans de nombreuses autres villes que nous avons parcourues dans notre recherche de la pierre de sagesse. Nous continuons donc notre route. On dit que les bâtiments de l'université se trouvent dans le voisinage, et nous tournons le coin à droite, puis encore à gauche, jusqu'à ce que nous y arrivions. L'heure du cours approche. Des professeurs drapés de manteaux raides et coiffés du bonnet scolastique sur leur front suprêmement sage, se dirigent vers les temples du savoir aux portes desquels attendent des troupeaux d'étudiants. Nous reconnaissons leurs types divers et familiers : l'air des nouveaux inscrits comme d'habitude, leurs joues conservant encore l'éclat de leur première jeunesse, leurs cœurs toujours humbles, peut-être encore retenus captifs par la douce illusion que les murs près desquels ils attendent sont les propylées de tous les secrets de la terre et du ciel. On reconnaît tout aussi bien les vers de parchemin, destinés à briller un jour comme des luminaires dans l'Église et dans le domaine de la science, qu'ils se lamentent maintenant, pâles et mélancoliques, sur leurs chaînes, leurs summæ et sententiæ, ou *qu'ils* supportent *avec* une *honnêteté* personnelle satisfaction du poids précieux des *termes* qui les élève si visiblement au-dessus de la masse ignorante des mortels. Et parmi la foule des premiers nommés encore frais de jeunesse, et de ces pédants déjà desséchés, on trouve aussi la fameuse troisième classe d'étudiants, des aventuriers rassemblés de toutes parts sous la protection des privilèges universitaires, ces messieurs au visage barbu. , et des visages gonflés par la boisson et marqués par le combat, avec des épées terriblement longues et larges pendantes à leur côté, - les héros de cette Iliade sans fin que les apprentis du savoir et les guildes mettent en scène chaque nuit dans l'obscurité des ruelles, qui peuvent encore se révéleront un jour les plus pieux des prieurs conventuels, les docteurs les plus graves et les bourgmestres les plus sévères de la chrétienté, à moins qu'avant cela ils ne rencontrent leur sort sur la potence, ou sur le champ de bataille, ou comme savants . *vagabonds* dans le fossé ou au bord de la route.

Allons-nous entrer et écouter certaines de ces conférences qui sont sur le point d'être prononcées ? Notre lettre d'adhésion académique nous ouvrira les portes, si nous le désirons. A gauche, dans la salle voûtée, le professeur de médecine a commencé son cours. Avec une subtilité et une pénétration étonnantes, il discute de la question très importante, déjà posée par Petrus de

Abano , mais pas encore complètement résolue : « *an caput sit factum propter cerebrum vel oculos* » (si la tête a été formée pour le bien du cerveau ou pour le bien du cerveau). les yeux). À droite, le professeur de théologie nous entraîne dans l'un des obscurs mystères de l'Église en posant la question de savoir ce que Pierre aurait fait du pain et du vin s'il avait distribué les éléments alors que le corps du Christ, dans une réalité inchangée, était encore accroché. la Croix. [28] Un peu plus loin, dans ce caveau moisi , se trouve l'atelier de philosophie, où un maître dans l'art du raisonnement abstrait déduit la distinction entre *universalia ante rem* et *universalia in re* . Dans la pièce la plus éloignée, un jurisconsulte expose un passage sur les pandémies. — Ou peut-être préféreriez-vous ne pas choisir du tout ? Vous souriez tristement. Hélas! comme moi, vous avez de bonnes raisons de vous plaindre de Faust :

> Je l'ai fait, hélas ! La philosophie,
> la médecine et la jurisprudence aussi,
> et à mes dépens la théologie, étudiée avec un travail
> ardent. Et me voici, avec toute ma connaissance,
> pauvre imbécile, pas plus sage qu'avant.

et si tu ajoutes comme lui,

> C'est pourquoi je me suis maintenant appliqué à la magie,

nous ramènerons à notre esprit l'objet de nos désirs ardents, l'espoir qui nous réjouit qu'enfin le voile sera arraché du visage de l'image d'Isis et que nous verrons l'indicible face à face, même si ses regards brûle-nous en cendres. Tournons le dos à ce siège tragi-comique du savoir, où, comme partout ailleurs, des imbéciles à la tête blanche apprennent aux jeunes têtes de poulet à admirer les absurdités et aux jeunes âmes d'aigle à désespérer du savoir. Il n'est pas loin d'ici, aussi direct que le permettent les ruelles sinueuses, de ce grand magicien qui a élu domicile dans cette ville. Aux pieds de ce maître, asseyons-nous. Nous y étancherons notre soif brûlante avec au moins quelques gouttes de cette connaissance qui, à travers les âges passés, a coulé dans un canal souterrain, bien que provenant des mêmes sources que les ruisseaux du Paradis. Et si nous y sommes déçus , eh bien, *vous* pourrez, si vous le souhaitez, assouvir votre désir de vérité dans le tourbillon du plaisir et de l'aventure. *J'entrerai* dans un monastère, chercherai la plus étroite de ses cellules, veillerai, prierai, fouetterai mon sang à flots ; ou j'irai en Inde, m'assiérai par terre et regarderai le bout de mon nez, le regarderai et ne cesserai jamais, année après année, jusqu'à ce que toute conscience soit éteinte. D'accord, alors, n'est-ce pas ?... .

Nous sommes arrivés dans le quartier le plus solitaire de la ville et dans les limites les plus mornes du quartier, où de vieilles maisons en ruine se groupent dans une inextricable confusion le long des murs de la ville et, de leurs fenêtres à pignon, fixent leurs regards vides et hypocondriaques sur les champs ouverts. au-delà. Une tour, couronnant de ce côté le mur du fort, sert aujourd'hui au grand savant d'observatoire et d'habitation, donnée par le bourgmestre et le conseil de la ville. Il fut longtemps médecin privé de la reine de France, mais s'est maintenant retiré dans ce lieu solitaire, loin des plaisirs, des distinctions et des dangers de la vie de cour, pour se consacrer tranquillement à la recherche et à l'étude. Il a pour protecteur le prince-archevêque résidant dans la ville ; et comme le professeur de théologie a certifié à la demande de ce même prince-évêque sa stricte orthodoxie, les autorités de la ville ont pensé à le persuader de recevoir la position honorable et lucrative d'astrologue municipal, sans tenir compte de l'affirmation des moines selon laquelle il était un sorcier, et que son épagneul noir n'était en réalité autre que le diable lui-même.

Un magicien ne se laisse jamais interrompre dans ses travaux, qu'il s'agisse de contempler la nature des esprits, de surveiller le ciel ou d'élaborer la *quinta . essentia* , l'essence finale, avec ses creusets. Oh! quels espoirs mondiaux, quelles émotions solennelles, quelle tension inexprimable de l'âme doivent accompagner ces investigations ! L'or, qui gouverne le monde, tombe ici de l'arbre de la connaissance comme un fruit trop mûr dans le sein du maître. Et qu'est-ce que l'or avec tout le pouvoir qu'il possède et toute la jouissance qu'il commande, comparé à la capacité de contrôler le ciel, la terre et les esprits de l'enfer, comparé à la capacité d'invoquer au moyen de lustrations, de sceaux, de personnages et d'exorcismes. les anges planant dans les sphères supérieures, ou apprivoiser pour obéir les démons qui remplissent l'immensité de l'espace ? Et qu'est-ce encore que ce pouvoir comparé à la pure connaissance céleste dont la magie livre la clé ? une connaissance qui transcende d'autant la sagesse des anges que la place du fils dans la maison de son père est supérieure à celle d'un serviteur ! Peut-être le magicien est-il en ce moment même profondément absorbé par quelque enquête, et à un cheveu de la révélation de quelque vérité nouvelle et éblouissante. Réfléchissons avant d'oser demander l'admission. Arrêtons-nous un moment devant cette porte ferrée et reprenons notre souffle.

Hommes de science de ce XIXe siècle, comme vous seriez malheureux si vous n'aviez pas décidé une fois pour toutes de limiter vos espoirs au minimum ! Mourir alors que vous n'avez glané et contribué qu'une seule goutte à la moisson de la science, tel est le sort auquel vous vous soumettez. Celui d'entre vous qui a fait remarquer un escargot ou une fleur jusqu'alors inconnu estime qu'il n'a pas vécu en vain. Avoir découvert une formule sous laquelle un groupe de phénomènes peut être rangé est déjà un triomphe. Cette résignation qui fait de chacun d'entre vous, même le plus grand, un insignifiant travailleur de détail de l'immense travail dont vous contemplez l'achèvement à l'infini et dont vous ignorez les contours mêmes, cette résignation est sublime, quoique suprêmement douloureuse . à l'âme aspirante. Le travailleur individuel, quant à lui, s'abstient de tout espoir de voir toute la vérité et travaille pour sa génération et son avenir. Même le philosophe qui entreprend d'expliquer la structure du macrocosme ne voit pas dans son système une solution finale au « problème de l'explication cosmique », mais seulement un maillon dans la longue chaîne du développement. Il prévoit la chute de ses théories, satisfait peut-être si les traces de son erreur maintiennent son successeur sur une voie plus droite. C'est la race et non l'individu qui travaille dans votre travail ; qui le continue quand on est las et oublié. C'est une activité collective comme celle des fourmis et des abeilles. Mais le magicien est seul ! Il reçoit certes ce que le passé peut lui offrir, mais seulement pour s'enfermer dans ce trésor et l'améliorer par l'immense richesse de son esprit. Il croit en cette immensité. Il croit que les forces de toutes les générations sont emmagasinées dans le sein de l'individu, et il espère accomplir seul ce que vous laissez timidement à la multitude des siècles incalculables !

Nous frappâmes lourdement à la porte avec ses verrous de fer. Elle s'ouvrit comme par une main invisible. Aucun domestique n'est intervenu ni pour saluer ni pour faire des remontrances alors que nous montions les sombres escaliers en colimaçon. À l'improviste, nous sommes entrés dans la salle du grand magicien. Le long des plafonds voûtés des pièces dont les vitres vertes plombées ne laissaient passer qu'une faible lumière, flottait une vapeur parfumée de la cellule à l'extrême fond, où l'on pouvait voir le magicien lui-même vêtu d'un manteau blanc comme neige atteignant ses pieds . , et se tenant solennellement à côté d'un autel à parfums. Sur sa tête, il portait un diadème sur lequel était gravé le nom indicible de *Tétragramme* , et dans sa main il tenait une plaque métallique qui, comme nous l'apprîmes bientôt, était en électrum et signée des signatures des siècles à venir.

Nous nous sommes arrêtés et avons balbutié un mot d'excuse pour l'interruption que nous lui avions causée. Un sourire de satisfaction s'afficha sur son visage lorsqu'il nous eut momentanément observés, et il nous souhaita la bienvenue.

« Vous êtes précisément ceux dont j'attendais l'arrivée et que j'ai eu beaucoup de mal à convoquer », dit-il. « Vous êtes les esprits du XIXe siècle, conjurés de comparaître devant un homme du XVe. Vous êtes appelés des antichambres où les âmes des enfants à naître attendent leur entrée sur terre. Mais les images du siècle auquel appartient votre future vie de mortel habitent les profondeurs de votre conscience. Ces images, tu me les montreras. C'est pour cela que je vous ai convoqué, car je souhaite jeter un regard sur l'avenir.

J'ai été saisi d'un sentiment étrange, presque horrible. Je me souvenais maintenant que moi et mes compagnons nous étions transportés, grâce à l'utilisation de moyens qui attisent toutes les forces reproductives de l'imagination, du XIXe siècle actuel au XVe bien passé, afin que nous puissions le voir vivre avant notre vie. yeux, non pas dans des traits fragmentés comme on a coutume de conserver une époque passée dans les livres, mais dans la complétude de sa propre multiformité . Qui avait raison, le magicien ou moi-même ? Quel était celui qui semblait le seul à vivre, lui ou moi ? À quelle heure l'aiguille de l'horloge indiquait-elle ce moment-là ? Certes, le temps n'est absolument rien d'autre qu'une forme conceptuelle sans réalité indépendante ; tant que je vis dans le temps, je crois à son cours ordonné et je ne souhaite pas voir son fil d'or s'emmêler. Je ne souhaitais pas que l'esprit que j'avais invoqué devienne mon maître et me dégrade au rang de produit de sa propre imagination. J'ai rassemblé mon courage et je me suis exclamé : -

« Nous avons parcouru de nombreuses villes, grand magicien, pour te trouver. Nous sommes enfin dans votre sanctuaire. Nous voyons ces sombres arcs gothiques au-dessus de nos têtes ; nous voyons devant nous votre vénérable figure ; nous voyons ces in-folios et ces instruments étranges qui vous entourent ; nous regardons par ces fenêtres et voyons d'un côté des tours et des toits de maisons, de l'autre des champs, des prairies et des cabanes de serfs, et là-bas au loin le château d'un chevalier soupçonné d'attaques nocturnes sur les trains de les marchands à l'approche de la ville. Toutes ces choses sont réelles et présentes sous nos yeux : mais néanmoins, grand magicien, tout cela, vous y compris, est un produit de *notre* magie, du pouvoir de notre propre imagination, et non de *votre* magie. C'est pour faire quelque connaissance avec ces derniers que nous sommes venus. Ce n'est pas nous qui devons répondre à vos questions, mais vous les nôtres.

Le magicien sourit. Il a persisté dans son point de vue et moi dans le mien. La question contestée n'a pu être tranchée et elle a été laissée de côté. Mais parallèlement à ma conscience d'appartenir à une période d'activité critique, mes doutes s'étaient réveillés : mon espoir vif il y a un instant de trouver dans la magie la clé de tous les secrets s'effaçait rapidement.

J'ai regardé autour de moi dans cette maison du magicien. Sur son bureau se trouvait un parchemin sur lequel il avait commencé à écrire l'horoscope de l'année suivante. À côté du bureau se trouvait un globe céleste avec des personnages peints de différentes couleurs. Dans une fenêtre tournée vers le sud était suspendu un astrolabe, à l'alidade duquel était fixé un long télescope (bien sûr sans lentilles). La bibliothèque contenait un nombre non négligeable de feuillets : Versio Vulgata , quelques volumes des pères, Virgile, Denys Areopagita , Ptolémée, les hymnes d'Orphée, Hermès Trismégiste, Jamblique , l'Histoire naturelle de Pline, un grand nombre d'ouvrages en partie en arabe sur l'astrologie et l'alchimie, ainsi que quelques manuscrits hébreux, etc. sur. Ces objets et d'autres encore se trouvaient dans son observatoire, qui était aussi son atelier et sa chambre à coucher. A côté de l'observatoire se trouvait le laboratoire alchimique avec un four étrangement aménagé et rempli d'instruments singuliers me rappelant encore une fois la plainte de Faust :

Ihr Instrument freilich tachet moi ,
Mit Rad et Kämmen , Walz et Bügel .
Je suis Thor, à toi soltet Schlüssel sein;
Zwar euer Bart est kraus , doch hebt Ihr ce n'est
pas le Riegel.

Pendant que nous nous attardions ici, notre hôte nous informa que pour le moment il avait suspendu ses expériences d'alchimie. Il espérait retrouver sa *quinta essentia* par un processus plus court que la combinaison de substances et la distillation, qui avaient déjà épuisé tant de chercheurs et conduit si peu au succès. Il reconnut qu'il n'avait pas lui-même avancé dans l'art des adeptes en extrayant de la « terre philosophique » mélangée à « l'eau philosophique » une quantité d'or juste et pas plus que celle qu'il avait employée au début de l'expérience. [29] Malgré cela, cependant, il travaillait quotidiennement devant son four, fondant et purifiant les métaux dont il avait besoin pour ses médaillons planétaires, ses amulettes et ses anneaux magiques, et surtout à préparer cet alliage efficace qu'on appelle électrum.

De son laboratoire, notre hôte nous conduisit dans deux autres appartements aux plafonds voûtés, formant une sorte de musée des curiosités les plus extraordinaires : squelettes et membres séchés de divers animaux : poissons, oiseaux, lézards, grenouilles, serpents, etc. ; des herbes et des pierres de couleurs différentes ; des épées entières et brisées ; des clous extraits des cercueils et des potences ; des flacons contenant je ne sais quoi, le tout rangé en groupes sous les signes des différentes planètes. Nous voyions devant nous le merveilleux et riche appareil de magie pratique, disposé selon des règles que nous ignorions entièrement, règles que nous avions vainement cherchées dans tous les traités des temps modernes sur les sciences occultes du Moyen Âge, règles qui pourraient peut-être contiennent les principes simples qui sous-tendent leur confusion.

La soirée approchait. Le soleil se couchait derrière les collines de l'ouest. Il commençait à faire sombre sous les arches où le grand magicien s'était enfermé parmi des reliques mortes et desséchées, des fragments brisés du grand et vivant monde extérieur. Nous sommes retournés à son observatoire. Il ouvrit une fenêtre et contempla d'un regard rêveur les étoiles qui s'allumaient les unes après les autres dans le ciel. Le crépuscule est un moment propice aux conversations telles que nous nous préparions. Nous nous installâmes bientôt dans des fauteuils confortables et spacieux et discutâmes avec ferveur, nous, l'homme du quinzième siècle et les âmes à naître du dix-neuvième, qu'il avait convoquées pour regarder vers l'avenir et qui maintenant l'utilisaient. pour regarder en arrière dans le passé. Il nous a parlé de sa science....

« Ma connaissance ne concerne pas moi-même. Loin, très loin, derrière ces collines, derrière les sommets enneigés des Alpes, derrière les montagnes des « Garamantes les plus lointains », sur des hauteurs sans nom qui disparaissent parmi les nuages, le temple de la vérité a été construit il y a longtemps sur la fontaine d'où la vie coule. Que ce temple soit démoli, nous le savons bien ; seul le premier couple humain a erré dans ses salles sacrées. Mais celui qui désire, qui aspire et a de la patience, peut s'asseoir au bord du courant du Temps et saisir et tirer à terre quelques-unes des poutres de cèdre du temple en ruine qui dérivent sur les vagues, et de la forme des fragments peut déterminer la structure de l'ensemble. Toute sagesse a ses racines dans le passé, et plus nous pénétrons dans l'Antiquité, plus nous trouvons riches les vestiges d'une plus haute sagesse humaine. Qu'est Albert le Grand avec sa profonde connaissance par rapport à la sagesse angélique de Denys Areopagita , et qu'est cette dernière par rapport à celle du prophète qui dénonça ses malheurs à Ninive et à Babylone ? Et pourtant, ces hommes divinement mandatés auraient volontiers été instruits par les soixante-dix anciens qui furent autorisés avec Moïse à s'approcher de la montagne où Dieu choisit de se révéler, pour y recevoir la connaissance mystique de la Cabale. Sur le Sinaï, cependant, le secret de Dieu était voilé par les nuages, les éclairs et la terreur ; Moïse lui-même n'était autorisé à le voir que « de dos » — il n'obtenait pas une connaissance du matin (une connaissance *a priori* , comme l'aurait appelé un élève de Schelling en quête d'analogie), mais une connaissance du soir (une connaissance *a posteriori* , il aurait ajouté). La connaissance du matin n'a été montrée qu'à l'homme de l'aube des temps et s'est éteinte au premier péché. Depuis lors, chaque génération successive s'est détériorée par rapport à la précédente :

> « *Aétas parentum , péjor avis , tulit*
> *Nos nequiores , mox dates*
> *Progéniem vitiosiorem ,*'

et avec les ténèbres du péché, la raison est plongée dans des profondeurs toujours plus noires. L'individu en quête de vérité peut atteindre l'illumination, mais pour lui seul, et non pour l'humanité. C'est pourquoi un magicien confine la sagesse qu'il acquiert dans son propre sein, ou la communique à un seul élève, ou l'enterre sous des expressions obscures qu'il met sur parchemin ; mais il ne peut ni ne veut le transmettre sans réserve à l'humanité dont le chemin semble conduire vers une nuit toujours plus profonde.

« Même les théologiens parlent de la sagesse originelle ; les théologiens avec lesquels nous, qui pratiquons la science occulte, sommes d'accord bien plus que ne le pensent les simples et les méfiants d'entre eux. Ce qui restait, au temps de Noé, de la sagesse originelle fut sauvé avec lui dans l'arche. Son premier-né reçut comme part la plus belle sagesse. La prophétie, la Cabale et l'Évangile appartiennent aux fils de Sem, les Juifs. Mais même Cham et Japhet ne furent pas laissés dans le dénuement. C'était le prêtre des fils de Cham qui gardait les secrets d' Isis, secrets devant lesquels même nous, chrétiens, devons nous incliner dans la poussière ; car l'Ancien Testament n'hésite pas à exalter la sagesse des Égyptiens et à reconnaître Moïse comme un élève de leur école. Hermès Trismégiste était égyptien, et nous, magiciens, qui savons qu'il transmuait tout ce qu'il voulait en or et en pierres précieuses, ne sommes pas étonnés lorsque l'apôtre Paul parle des trésors de l'Égypte, ni de ce que les voyageurs racontent de ses pyramides et autres ouvrages géants , ou quand Pline estime le nombre de ses villes à vingt mille, ou quand Marcellin s'étonne des immenses trésors que Cambyse y emporta, car tout cela était une création de l'art d'Hermès Trismégiste. [30] Même la part des enfants de Japhet n'était pas insignifiante. Il était partagé entre le trésor de Zoroastre et celui des mystères d'Éleusiniens. Certaines pièces de monnaie de ce trésor sont tombées entre les mains de Platon et d'Aristote et sont désormais entrées en possession de Porphyre , de Jamblique , des théosophes et des scolastiques. C'est cette illumination diffuse – celle de la Bible (sa signification intérieure et secrète), de la Cabale et des fragments de sagesse égyptienne, perse et grecque – qui sont rassemblées et unies dans la magie du savoir. Ce sont les ancêtres de ma science. N'a-t-elle pas un pedigree plus noble que celui de n'importe quelle famille royale ?

« Je vous ai entendu mentionner la nécessité d'une science d'investigation sans présupposé. Prétendriez-vous alors vraiment être le juge de tout ce que les générations passées ont pensé, cru et transmis comme un héritage sacré à celles qui suivront ? Ne reculez-vous pas devant l'idée que la faim humaine de vérité a dû être satisfaite depuis Adam jusqu'à nos jours par rien d'autre que des illusions ? que vous êtes les enfants et les enfants de simples idiots qui ont fixé leurs espoirs, leur foi et leurs convictions sur des mensonges sans fondement ? Mettez votre plan d'enquête impie à l'épreuve ! Faites-le ouvertement, et les théologiens vous brûleront ! Faites-le en secret, et vous aurez enfin envie de jouer en libérateur du vide terrible qu'une telle science laisserait dans votre âme ! Non, le magicien croit aussi profondément que le théologien. Ce n'est que dans le doux crépuscule de la foi qu'il peut entreprendre les opérations dont le succès est une confirmation de la vérité de sa foi. Ou avez-vous besoin d'une confirmation plus forte de l'authenticité de ses principes que celle que je trouve lorsque je lis dans ces étoiles qui errent silencieusement devant ma fenêtre, le destin des hommes, et que je vois ces destins s'accomplir ; quand, avec la puissance de moyens magiques, j'invoque des anges, des démons et des âmes d'hommes morts et à naître pour qu'ils se révèlent sous mes yeux, et qu'ils apparaissent ?

« J'avoue que notre science, si on ne la regarde qu'en surface, ressemble à un tapis bigarré dont les fils sont habilement entrelacés ; mais comme il suffit d'un nombre limité de manipulations pour produire la texture la plus remarquable, de même ce ne sont aussi que quelques pensées simples qui soutiennent toutes les doctrines et tous les produits de la magie.

« Vous le savez, l'univers est une triple harmonie, comme la Divinité est une Trinité. Nous vivons dans le monde élémentaire ; au-dessus de notre tête, l'espace céleste, avec ses diverses sphères, tourne ; et au-dessus, enfin, Dieu trône dans le monde purement spirituel des idées. Les malheureux scientifiques de votre siècle ont, dans leurs préjugés étroits, séparé ces mondes les uns des autres (mais en regroupant le céleste et l'élémentaire). Vos soi-disant étudiants en sciences de la nature n'étudient que le monde élémentaire, et vos soi-disant philosophes n'étudient que l'idéal ; mais les premiers, malgré leurs recherches sur les diverses formes de la matière, n'atteignent jamais le domaine du spirituel, mais sont plutôt amenés à en renier l'existence ; et ces derniers ne pourront jamais faire sortir du monde obscur des idées les richesses concrètes de la nature. En vain vos naturalistes s'imaginent qu'en physiologie, ou vos philosophes qu'en anthropologie, ils trouveront le passage d'un monde à l'autre. Nous, les magiciens, au contraire, étudions ces mondes comme une unité. Nous les trouvons combinés par deux liens puissants : ceux de correspondance et de causalité. Toutes les choses du monde élémentaire ont leur antitype dans le monde céleste, et toutes les choses célestes ont leurs idées correspondantes. Ces correspondances sont tendues de haut en bas comme les cordes de la harpe de l'univers, et sur cette harpe les causalités montent et descendent comme les doigts d'un musicien. Tandis que vos étudiants en nature cherchent les chaînes de causalité dans une seule direction, l'horizontale, celle qui traverse les choses sur un même plan, celle qui relie les choses dans un seul et même monde élémentaire ; nous, étudiants en magie, recherchons avec encore plus de diligence ces chaînes de causalité perpendiculaires qui parcourent et combinent les objets correspondants dans les trois mondes. Notre manière d'étudier cette série perpendiculaire ressemble à votre méthode d'examen de l'horizontale, mais légèrement, voire pas du tout. Quels ennuis inutiles votre intronisation vous cause ! Vous souhaitez étudier la nature d'une certaine manifestation de force, par exemple ; vous l'analysez avec beaucoup de soin en différents facteurs, vous vous efforcez d'isoler chacun de ces facteurs et de les faire jouer chacun leur rôle, de découvrir ce que chacun a contribué à l'expression commune de la force. Nous ne rencontrons pas de tels obstacles. Une tradition secrète nous a présenté presque entièrement nos lignes perpendiculaires de causalité, et nous pouvons combler les lacunes de cette tradition par une enquête qui ne se heurte pas à de grandes difficultés. Cette recherche s'appuie sur les ressemblances des choses, car cette similitude dérive d'une correspondance, et la causalité s'entremêle à la correspondance. Ainsi, par exemple, nous jugeons, d'après la ressemblance entre la splendeur de l'or et celle du soleil, que l'or a sa correspondance céleste dans cet astre et entretient avec lui une relation causale. Autre exemple : le bicorne a une relation causale avec la lune, qui, à sa croissance et à son déclin, est également à deux cornes ; et s'il y avait le moindre doute sur cette relation intime entre eux, il devrait disparaître lorsque nous apprendrons que le scarabée cache ses œufs dans la terre pendant vingt-huit jours, ou tout simplement aussi longtemps qu'il faut au passage de la lune. à travers le Zodiaque, mais les déterre à nouveau le 29, lorsque la Lune est en conjonction avec le Soleil. [31] Ne souriez pas de cette méthode d'investigation ! Méfiez-vous de répéter l'erreur que le « sens commun » est si enclin à commettre en voyant des absurdités dans des vérités qui se trouvent au-delà de son horizon ? Notre méthode est fondée sur l'idée qu'il n'y a rien de fortuit dans la nature. Certes, nous acceptons un arbitrage divin, mais en aucun cas une coïncidence naturelle. Même la moindre similitude entre des objets existants n'est pas un accident insignifiant ! Pas même le moindre trait dans les chiffres par lesquels nous fixons nos mots et nos pensées par écrit n'est sans signification profonde. Tout dans l'œuvre de la nature et de l'homme a sa cause et son effet. Nous ne pouvons faire un geste, ni dire une parole, sans communiquer à l'univers tout entier des vibrations, vers le haut et vers le bas, vibrations qui peuvent être fortes ou faibles, perceptibles ou imperceptibles. Ce principe traverse l'ensemble de notre système cosmique, et cette pensée doit être vraie même pour vous , les analyseurs.

« Avant d'expliquer plus en détail l'usage magique de nos séries de correspondance et de causalité, je souhaite vous en montrer quelques-unes. Je choisirai le plus simple, mais en même temps le plus important. Je commence par

L'ÉCHELLE DE LA SAINTE TÉTRADE. (Tableau I.)

D'où se trouvent les Correspondances aux Quatre Éléments.

LE MONDE DES ARCHÉTYPES ET DU BONHEUR.	וחוה			Le nom de Dieu (Jéhovah) en quatre lettres.
	Séraphins, Chérubins, Trônes.	Dominions, puissances, empires.	Principautés, Archanges, Anges.	Saints, Martyrs, Confesseurs.	Les quatre triplicités de la hiérarchie céleste.

	Michael.	Raphaël.	Gabriel.	Uriel.	Quatre anges, gardiens des quatre cartes . points.
	Séraphin.	Chérubin.	Tharsis .	Ariel.	Des anges présidant aux éléments.
LE MONDE CÉLESTE	Bélier, Lion, Sagittaire.	Gémeaux, Balance, Verseau.	Cancer, Scorpion, Poissons.	Taureau, Vierge, Capra.	Les quatre triplicités du Zodiaque.
	Mars, Soleil.	Jupiter, Vénus.	Saturne, Mercure.	Étoiles fixes, Lune.	Les étoiles et les planètes liées aux éléments.
	Lumière.	Transparence.	Activité.	Fermeté.	Quatre qualités des éléments célestes.
LE MONDE ÉLÉMENTAIRE	Feu.	Air.	Eau.	Terre.	Les quatre éléments.
	Chaleur.	Humidité.	Froideur.	Aridité.	Les quatre qualités des éléments.
	Été.	Printemps.	Hiver.	Automne.	Les quatre saisons.
	Est.	Ouest.	Nord.	Sud.	Les quatre cartes . points.
	Animaux.	Herbes.	Les métaux.	Des pierres.	Quatre sortes de corps mixtes.
	Marche.	En volant.	Natation.	Rampant.	Quatre sortes d'animaux.
	Germe.	Fleur.	Feuilles.	Racine.	Les parties des plantes liées aux éléments.
	Or, fer.	Cuivre, Étain.	Mercure.	Plomb, Argent.	Métaux correspondant aux éléments.
	Brillant et brûlant.	Léger et transparent.	Clair et dur.	Lourd et opaque.	Pierres correspondant aux éléments.

MICROCOSME.	Foi.	Science.	Avis.	Expérience.	Quatre principes de jugement.
	Colérique.	Sanguinique.	Flegmatique.	Mélancolique.	Tempéraments.
ENFER.	Samaël.	Azazael.	Azaël .	Méhazael .	Princes des mauvais esprits qui font rage dans les éléments.
	Oriens .	Paymon .	Égyn .	Amaïmon .	Les démons qui président aux quatre cartes . points.

« Ici vous voyez l'un des filets que la magie a tendus depuis l'Empyrée jusqu'aux abysses. Pour chacun des nombres sacrés, il existe une échelle distincte du même genre : « L'univers, dit Pythagore, est fondé sur les nombres », et Boèce affirme que « Tout ce qui a été créé au commencement des temps a été formé selon les relations de certains nombres, qui mentaient comme types dans l'esprit du Créateur. C'est donc un fait établi chez nous que les nombres contiennent des forces plus grandes et plus efficaces que les choses matérielles ; car les premiers ne sont pas un mélange de substances, mais peuvent, en tant qu'entités purement formelles, être en relation immédiate avec les idées de la raison divine. Ceci est également reconnu par les pères : par Hiéronyme, Augustin, Ambrosius, Athanase, Bede et d'autres, et c'est ce qui sous-tend ces paroles du livre de l'Apocalypse : « Que celui qui a de l'intelligence compte le nombre de la bête ». Les objets variés et relativement discordants qui forment une unité dans un même monde, sont rangés côte à côte dans l'échelle ; tandis que les choses qui, dans différents groupes ou dans différents mondes, se correspondent, forment la série ascendante et descendante.

« N'oubliez pas que la correspondance implique aussi une activité réciproque ! Ainsi, par exemple, la lettre ה au saint nom de Dieu indique un pouvoir qui est infusé dans les ordres successifs des Séraphins, des Chérubins et des Trônes, et qui est transmis à travers eux aux constellations du Lion et du Sagittaire, ainsi qu'aux deux luminaires errants. Mars et le Soleil. Ces anges et ces étoiles déversent tous dans le monde élémentaire l'abondance de leur puissance, qui y produit le feu et la chaleur, et les germes des organismes animaux, et allume chez l'homme la raison et la foi, pour se retrouver enfin dans la région la plus basse, son opposés : le froid, la destruction, l'irrationalité, l'incrédulité, représentés par les noms des princes-anges déchus. Je vais maintenant vous montrer un autre tableau qui est une introduction à l'étude de l'Astrologie et traite plus en détail de certaines parties du précédent, montrant comment les choses du monde élémentaire et du microcosme sont soumises aux planètes. En vous montrant cela, je vous rappellerai le verset :

' *Astra regunt hominem; sed regit astra Deus.* '
(*Les étoiles guident l'homme ; mais Dieu guide les étoiles.*)

(TABLEAU II.)

	LUNE.	MERCURE	VÉNUS.	SOLEIL.	MARS.	JUPITER	SATURNE.
ÉLÉMENTS.	L'eau de terre.	Eau.	Air, Eau.	Feu.	Feu.	Air.	L'eau de terre.
MICROCOSME	Jus blancs.	Jus mélangés.	Jus visqueux.	Sang et puissance vitale.	Jus acides.	Jus végétaux .	Fiel.
ANIMAUX.	Sociable et changeant.	Rusé et rapide.	Belle avec un fort instinct sexuel.	Audacieux et courageux.	Bêtes de proie.	Sagace et doux.	Rampant et nocturne.
PLANTES.	Sélénotrope , Palmier, Hysope, Romarin, etc.	Petites feuilles courtes et nombreuses fleurs colorées .	Épices et arbres fruitiers.	Pin, Laurier, Vigne, Héliotrope , Lotus, etc.	Brûlant, toxique et piquant.	Chêne, Hêtre, Peuplier, Céréales, etc.	Cyprès et ceux d' aspect sombre ou d'odeur nauséabonde .
LES MÉTAUX.	Argent.	Vif-argent, étain, bismuth.	Argent.	Or.	Fer et métaux sulfuriques	Or, argent, étain.	Plomb.
DES PIERRES.	Toutes les pierres et perles blanches.	Beaucoup de couleurs.	Cornaline , Lazuli, etc.	Topaze, rubis, anthrax, etc.	Diamant, Jaspe, Améthyste , Aimant.	Vert et aéré.	Onyx et toutes les argiles brunes.

« La valeur de ces tables, comme de beaucoup d'autres, vous apparaîtra clairement lorsque je prononcerai maintenant le premier principe pratique de la magie :

« *De même que le Créateur de l'univers diffuse sur nous, par l'intermédiaire des anges, des étoiles, des éléments, des animaux, des plantes, des métaux et des pierres, les pouvoirs de sa toute-puissance, de même le magicien, en rassemblant dans le monde élémental les objets qui ont une relation de activité mutuelle avec la même entité (un ange ou une planète) dans les mondes supérieurs, et en combinant leurs pouvoirs selon des règles scientifiques, et en les intensifiant au moyen de cérémonies sacrées et religieuses, est capable d'influencer cet être supérieur et de l'attirer à lui. ses pouvoirs.*

« Ce principe explique assez pourquoi j'ai rassemblé autour de moi toutes les choses étranges que vous voyez ici. Voici, par exemple, une plaque de plomb sur laquelle est gravé le symbole d'une planète ; et à côté, une fiole de plomb contenant du fiel. Si je prends maintenant un morceau d'onyx fin marqué du même symbole planétaire et cette branche de cyprès séchée, et que j'y ajoute la peau d'un serpent et la plume d'un hibou, il vous suffira de regarder dans l'un des dans les tableaux qui vous ont été donnés, vous constatez que je n'ai rassemblé dans le monde élémentaire que diverses choses qui ont un rapport d'activité mutuelle avec Saturne ; et, s'il est correctement combiné, peut attirer à la fois les puissances de cette planète et celles des anges avec lesquels elle est liée.

« Le plus grand effet de la magie, à la fois son triomphe et le critère de sa vérité, est une incantation réussie. Devons-nous en réaliser un ? Si nous effectuons tous les préparatifs nécessaires, nous aurons une vue d'ensemble de toute la science secrète. Seuls certains alchimistes ont en vue un but encore plus grand ; ils aspirent à produire dans la cornue l'homme lui-même, voire le monde entier. Vous les hommes du XIXe siècle, vous ne connaissez que de réputation nos efforts pour produire un *homonculus* , et une *nature mobile perpétuelle* . Pourriez-vous seulement compter les gouttes de transpiration que ces efforts nous ont arrachées ! Il y a quelque chose d'enchanteur, d'irrésistible, dans l'alchimie. Ses objectifs sont gigantesques et, dans ses profondeurs, habite une pensée terrible, car elle menace d'écraser cette philosophie cosmique même sur laquelle est fondée notre foi. Nous nous occupons des éléments, jusqu'à ce que l'idée nous envahisse que tout dépend d'eux ; que tout , Créateur et créé, y est inclus ; que tout surgit par nécessité et disparaît par nécessité. Si vous ne pouvez rassembler dans le creuset que les éléments et les germes de vie qui remuaient dans le chaos, alors vous pouvez également produire dans le creuset les six jours de la création et retrouver l'esprit qui a formé l'univers. Je n'ai abandonné l'alchimie que pour échapper à cette pensée ; mais un testament en parchemin, scellé de sept sceaux et caché dans le coin le plus secret de mes coffres, contient les expériences remarquables que j'ai faites en expérimentant pour le *perpetuum mobile* et *l'homunculus* . [32]

[Pg 131 & 132] « Mais aux préparatifs de notre conjuration ! Nous sommes d'abord confrontés à la question : l'heure est-elle favorable ? Les aspects s'opposent-ils ? L'aspect est la position relative de deux planètes l'une par rapport à l'autre. Tous les calendriers des siècles qui nous séparent parlent de ces aspects : de la conjonction des planètes (lorsqu'elles sont sur le même méridien, et par conséquent séparées par aucune distance angulaire) ; leur opposition (quand ils se trouvent dans une partie du ciel directement opposée) ; leur quadrature (distance de 90°), leur trigone (120°) et leur hexagone (60°). Si Mars rouge sang ou Saturne pâle se trouvent en quadrature ou en opposition les uns avec les autres, ou avec l'une des autres étoiles errantes, cela laisse présager la destruction. Mais aujourd'hui ces deux planètes sont inoffensives ; les aspects sont bons, et Mars lui-même étant dans la première « face » de sa propre maison [33] est par conséquent même bienveillant. Même la Lune, dont l'assistance est nécessaire, est dans la maison d'une étoile amie et dans une quadrature favorable à Jupiter. Ici, nous nous rencontrons donc sans entraves. Il reste cependant du côté de l'Astrologie à découvrir quelles planètes sont les régentes de l'année en cours. En d'autres termes, quelles planètes forment le premier aspect de l'année. Regardez ici dans mon calendrier . Mars en faisait partie. Cela nous convient d'autant mieux qu'aujourd'hui c'est mardi, le jour propre de Mars, et que sera bientôt là l'heure à laquelle, ce jour-là, il préside absolument. [34] Il [Pg 136 & 137] est donc important que nous utilisions dans notre incantation la partie martiale de mon appareil magique. Parmi les éléments, le feu est martial. Nous allumerons donc un feu sur cet autel. Parmi les planètes, les épineuses, les vénéneuses et les orties sont martiales. Nous alimenterons donc ce feu avec des brindilles sèches et des rosiers. Parmi les animaux, les féroces et les audacieux sont liés à l'étoile rouge sang. Ici vous voyez trois ceintures en peau de lion, bordées de dents de tigres, de léopards et d'ours, et munies d'attaches en fer, car le fer est le métal martial. Attachons ces ceintures, le moment venu, autour de nos tailles. Parmi les pierres, le diamant, l'améthyste, le jaspe et l'aimant sont martiaux. Je vous montre ici trois diadèmes qui, bien que de fer pur, scintillent de ces pierres, et sont munis des signes et signatures de notre planète. Vous avez ici trois bâtons de fer marqués des mêmes signes : il faut les porter entre nos mains. Ces cuirasses constellées d'améthystes, dont les inscriptions et caractères hébreux se réfèrent aux mêmes étoiles, nous devons les porter sur notre cœur à l'extérieur du vêtement blanc que nous revêtirons avant de commencer notre incantation. Ici encore, vous remarquerez trois bagues en diamant : nous les porterons au majeur lors du moment solennel et terrible que nous nous préparons. Ces deux cloches, nous les plaçons sur la table ; l'un d'un alliage rougeâtre et muni d'anneaux de fer, appelle ici l'esprit martial, l'autre fait d' *électrum magicum* (*c'est- à-dire* un alliage proportionnel de tous les métaux avec une teinture astrale ajoutée), sert à appeler les forces de réserve célestes de de toutes sortes, si besoin. De plus, nous avons besoin de ces cuirasses et de ces anneaux d'électrum, qui ne portent le nom d'aucune planète, mais le nom glorieux et béni de Dieu lui-même, pour protéger les invocateurs contre l'esprit invoqué. Qui il est, nous le découvrirons bientôt . Observez ici encore un arsenal terrible, qui est également nécessaire à notre dessein. Mars est la star de la guerre, du meurtre et de la passion. Les démons de Mars ont une nature correspondante, et il existe entre eux et les outils par lesquels leur travail sur terre s'accomplit, un pouvoir d'attraction. Nous avons donc ici cette lourde épée avec laquelle le cercle magique doit être tracé ; on place donc en rangées ces crânes et ossements qui ont été ramassés dans les lieux d'exécution, ces clous, extraits des potences, ces poignards, couteaux et haches rouillés de taches de sang. Il ne faut pas oublier l'encens qui était allumé sur l'autel peu avant la première citation. Il existe un type d'encens différent pour chaque planète et ses démons. Celui approprié à Mars est composé d'euphorbe, de bdellium, d'ammoniaque, d'aimant, de soufre, de cerveaux de corbeau, de sang humain et de sang de chat *noir*. [35] Il est très important que la qualité de cet encens soit authentique. Je pourrais citer ce que dit Porphyre sur ce point ; mais je me borne à souligner qu'elle a une influence sur le prestidigitateur ainsi que sur les objets environnants. Il sature à la fois l'air et la poitrine du prestidigitateur de substances liées à la planète et à ses démons. Il attire l'être invoqué et l'enivre, pour ainsi dire, d'influences divines qui agissent sur son esprit et son imagination. Bien entendu, nous devons en outre préparer les instruments nécessaires à chaque incantation sans aucun rapport avec une planète particulière. À eux appartiennent des amulettes sur lesquelles sont inscrits les noms de séraphins, de chérubins et de trônes, ainsi que des phrases de la Bible et des livres sacrés de Zoroastre. À eux appartient encore le chandelier magique d'électrum à sept branches, chaque branche portant le signe d'une planète ; et surtout les pentagrammes, ces figures aux pointes fines qu'aucun démon ne peut dépasser. Nous placerons cette dernière comme une ligne de fortification autour du cercle magique, et nous devrons être sûrs qu'aucun des points n'est brisé. À l'intérieur du cercle entre la table, le chandelier à sept bras et l'autel à parfums, il y a de la place pour le trépied avec le bol d'eau bénite et l'arroseur.

«Après avoir ainsi fait les préparatifs nécessaires pour notre fête, pensons à l'invité qui doit être invité.

« L'air du soir est frais. Je ferme la fenêtre, déplace ma lampe de bureau vers cette table et vous demande de vous asseoir autour d'elle. Nous devons consulter concernant l'invitation, dans laquelle nous devons suivre les instructions données dans ce manuscrit cabalistique.

« Vous avez constaté dans le tableau que je vous ai montré en premier que ce sont les ordres des Séraphins, des Chérubins et des Trônes qui sont liés par une activité réciproque à Mars. Mais ces trois ordres constituent la plus haute hiérarchie céleste, qui restent constamment en présence de Dieu et ne doivent pas être convoqués ici même si nous pouvions le faire. Nous ne pouvons qu'implorer leur aide. Les ordres des Dominions, Puissances et Empires sont les seules intelligences liées aux étoiles. Parmi eux, nous devons nous adresser aux esprits de Mars, puisque Mars est le régent de cette année, de ce jour et de l'incantation prévue. Le choix entre les *bons* et les *mauvais* esprits gouvernés par Mars est encore ouvert ; mais comme notre objectif n'est pas d'invoquer par supplication mais de contraindre par conjuration, nous devons choisir les méchants. Ce n'est pas un péché : c'est seulement un danger. Cela donne de la joie aux bons anges de voir la puissance de l'image de Dieu sur leurs adversaires. Mais nous ne pouvons pas forcer l'ensemble des démons de Mars à apparaître dans notre cercle. Il faut en sélectionner *un seulement* parmi leur légion et celui-ci doit être bien choisi. Il faut donc connaître son nom, car chez les Esprits, bien plus que chez les hommes et les choses terrestres, le nom implique l'essence et les qualités du nommé. La Cabale nous enseigne la signification infinie des mots et des noms. Il proclame et démontre les mystères qui habitent tous les saints noms de Dieu ; il nous révèle les mystères des appellations des anges ; elle nous montre que même les noms des hommes sont intimement liés à la place dans la création et au destin temporel de ceux qui les portent. Même les noms de choses matérielles montrent, quoique de manière moins distincte, un lien entre le son et la chose elle-même ou sa nature. Qui peut entendre, par exemple, les mots *vent* ou *swing* sans percevoir dans le son même quelque chose d'aérien ou d'oscillant ? Qui peut entendre *debout* et *fort* sans percevoir quelque chose de stable et de ferme ?

« Hâtons-nous de trouver le nom du démon qui doit être invoqué. L'astrologie ainsi que la Cabale donnent diverses méthodes à cet effet. [36] Choisissons le plus simple, qui est peut-être aussi le plus efficace.

« Je dois commencer notre travail en soulignant la signification du nombre 72. A ce nombre correspondent les soixante-douze langues, les soixante-douze anciens de la synagogue, les soixante-douze interprètes de l'Ancien Testament et les soixante-douze disciples de notre Seigneur. Ce nombre est également étroitement lié au nombre sacré douze. Si l'on divise les douze signes du Zodiaque en six parties, on obtient les soixante-douze quinaires dits célestes , dans lesquels les soixante-douze noms mystiques de Dieu, ses « *schemhamphoras* », insufflent leur puissance et qui sont chacun d'eux. présidée par un prince ange. Le même numéro correspond également aux articulations de la charpente humaine ; et il existe bien d'autres correspondances.

« Eh bien, pendant que les kabbalistes recherchaient le sens intérieur sacré de la Bible ; tandis qu'ils avançaient lentement, commençant par le « Au commencement », et s'arrêtant à chaque mot, à chaque lettre, et trouvant dans chaque mot et chaque lettre une mine de secrets, [37] finalement, après l'écoulement des siècles, ils arrivèrent comme jusqu'au verset 19 du chapitre 14 de l'Exode, commençant par : « Et l'ange de Dieu, qui marchait devant le camp d'Israël, se leva ». La règle cabalistique qui dit que partout où, dans la Bible, il est question d'un ange, il y a aussi le nom d'un ange caché parmi les lettres hébraïques du verset, les a exhortés à faire une pause et à réfléchir. Ils n'avaient d'abord aucune idée de l'extraordinaire découverte qu'ils s'apprêtaient à faire. Mais leur attention fut attirée par le fait qu'il y avait soixante-douze lettres dans le verset (dans le texte hébreu). Ils furent encore plus surpris lorsqu'ils découvrirent que même le verset suivant, le 20, contenait exactement soixante-douze lettres ; puis la surprise s'est transformée en admiration lorsque même le verset 21 a montré le même numéro. Dans la Bible, il n'y a pas de hasard : un grand secret y était caché. Enfin, en plaçant les trois versets, lettre par lettre (le verset du milieu écrit de gauche à droite, les autres inversement), les uns au-dessus des autres, les soixante-douze noms mystiques de Dieu « schemhamphoras » composés chacun de trois lettres, issus des trois *versets* , a été découvert. Ces noms, munis du suffixe *el* ou *jah* , sont aussi les noms des soixante-douze anges quinaires, dont Dieu a dit que son nom était en eux.

« Ici, dans ce manuscrit cabalistique, ces noms sont conservés. Choisissons-en un au hasard. Mon regard tombe d'abord sur *Mizrael* . Nous prendrons cela. Ce grand nom d'ange, que nous ne pouvons pas invoquer, nous donnera la clé du nom du démon qui doit apparaître tout à l'heure. Voici le tableau qui va nous aider. Les trois consonnes racines du mot *Mizra (el)* correspondent à trois autres de la planète Mars, qui contiennent le nom — prononçons-le silencieusement, murmurons-le simplement, car c'est le nom du démon désiré — *Tekfael* ! [38]

« La somme de la valeur numérique des lettres de ce nom est 488. Un nombre remarquable, chaque chiffre rappelant le *quatre mystique* , les éléments et leurs correspondances ! Nous communierons avec l'un des démons les plus puissants et les plus terribles. Sur la tablette de cire à cadre de fer, j'inscris maintenant le nom du démon, en ajoutant le nombre 488, et ces traits singuliers qui constituent sa signature. Le temps ne me permet pas de vous expliquer maintenant les règles selon lesquelles la signature est formée à partir du nom. [39]

« Les préparatifs sont maintenant terminés, il ne reste plus qu'à commander l'appareil et à nous ranger. Lorsque nous avons mis nos instruments en ordre, consacré la pièce, nous sommes lavés par un bain, avons revêtu la robe blanche, enveloppé un manteau rouge (car le rouge est la couleur de Mars), bouclé la ceinture de Mars autour de nos tailles, assumé le diadème, les cuirasses et les anneaux, j'allume sur l'autel ma lumière magique et le feu de l'encens, et je dessine le cercle magique. Puis une prière intense pour la protection de Dieu, puis l'incantation.

« Voici le livre de conjuration, le soi-disant Conjurateur de l'Enfer. J'ouvre à la page sur laquelle commencent les incantations martiales. Le livre est placé dans le cercle. En cas de besoin, je le saisis avec la main gauche ; Je tiens le bâton avec ma droite . »...

La salle gothique dans laquelle devait avoir lieu l'incantation présentait un aspect étrange et en même temps solennel et effrayant. Le magicien avait arrangé d'une main experte les choses mentionnées ci-dessus. Les crânes, les ossements d'hommes et de bêtes, les armes meurtrières et les flacons d'essence martiale, les fragments divers et indescriptibles de tous les règnes de la nature formaient, au plus près des murs, différentes figures, triangles, carrés et pentagones. Des draperies rouges étaient tendues sur les murs nus. Au milieu de la pièce et à l'intérieur du pentagramme disposé en cercle se trouvaient l'autel du feu et de l'encens avec de l'eau bénite. Sur une table au fond, mais en partie à l'intérieur du cercle, les lumières magiques brûlaient et diffusaient une lumière jaune blanchâtre incertaine sur les objets. Près du chandelier se trouvaient les deux cloches. Nous étions vêtus de nos vêtements. Le visage de mon compagnon était pâle comme la mort : probablement le mien aussi.

« Courage, courage ! ... ou tu es perdu ! murmura le magicien, dont l'œil rayonnait d'une détermination sombre et solennelle, et dont chaque trait exprimait en ce moment une terrible résolution.

Ce furent ses derniers mots avant l'incantation. Nous n'avions pas le droit de répondre. J'ai essayé d'être courageux, mais mon âme était secouée par une terrible attente. La prière et les cérémonies religieuses que nous avions accomplies après le bain et le changement de tenue n'avaient pas diminué mais seulement intensifié ce sentiment.

Le vent de la nuit faisait trembler les fenêtres cachées derrière les lourdes tentures. Il semblait que des fantômes d'un autre monde se cachaient derrière les rideaux doucement agités.

Même les crânes me semblaient présager, par leurs yeux enfoncés et vides, l'arrivée de quelque chose d'épouvantable. L'un d'eux attira longtemps mon attention, ou plutôt exerça sur moi la même influence que l'on dit avoir l'œil du serpent à sonnette sur l'oiseau qu'il s'approche pour dévorer. J'ai remarqué dans l'œil un éclat métallique . C'était la lueur de la lumière réfléchie par une pierre martiale fixée dans le crâne.

Pendant ce temps , le magicien s'était emparé de l'épée tachée de sang et avait dessiné, en murmurant une prière, un triple cercle magique autour du pentagramme. Entre les circonférences il écrivit les noms des anges de l'année, de la saison, du jour et de l'heure. Vers l'est il fit le signe d' *Alpha* , vers l'ouest d' *Omega* . Puis il divisa le cercle par une croix en quatre champs. Il en assigna deux, ceux qui étaient derrière lui, à moi et à mes compagnons. Ils étaient assez grands pour s'agenouiller. Il nous était strictement enjoint de ne pas les quitter, de ne pas laisser même un pli de notre manteau s'agiter hors du cercle. L'oubli à cet égard nous coûterait la vie. Le magicien posa son épée en forme de triangle à l'extérieur du cercle. Il s'aspergeait ainsi que nous d'eau bénite, lisait des formulaires sur l'encens et les brindilles d'épines et les allumait. C'était pour nous le signe de nous consacrer à la prière. Nous ne devons pas cesser de prier avant d'avoir entendu le premier mot de l'incantation. L'encens répandait comme un voile transparent et flou sur la pièce. Çà et là, elle se condensait en figures étranges : tantôt des formes humaines, tantôt des formes animales fantastiques surgissaient contre la paroi voûtée et s'enfonçaient à nouveau.

Il devait y avoir quelque chose de narcotique dans ces nuages vaporeux. Je les regardais dans un état à moitié rêveur tandis que mes lèvres répétaient de manière inaudible les prières prescrites.

J'ai été tiré de cet état par le premier mot de l'incantation qui a frappé mon âme comme un coup de foudre et m'a éveillé à la pleine conscience de ma position et de la signification de l'heure. Le sang dans mes veines semblait transformé en glace.

Le magicien se tenait devant moi, grand, droit et autoritaire. Il avait pris le livre d'incantations et en lut maintenant d'une voix creuse la première citation, qui commence par un long formulaire invoquant les différents noms mystiques de Dieu.

Je ne peux pas répéter la citation. Le plus haut et le plus bas, le divin et l'infernal, celui pour le caractère sacré duquel nous ressentons une révérence irrépressible et celui pour l'impiété dont nous éprouvons la plus profonde horreur, étaient réunis ici dans les paroles les plus solennelles et les plus terribles que la langue humaine ait jamais balbutiées. . Maintenant, j'ai commencé à me faire une idée du pouvoir des mots.

Le nom du démon n'était pas encore prononcé. Plus le moment de la prononciation approchait, plus la voix du magicien devenait grave. Maintenant venait la formule d'invocation, et maintenant… résonnait le nom de *Tekfael*.

Il semblait qu'un écho mille fois mais chuchotant provenant de la voûte au-dessus, des coins de la pièce, de tous les crânes et du livre d'incantation lui-même, répétait ce nom.

Le magicien se tut, l'encens se condensa et prit une teinte rougeâtre qui se diffusa progressivement. Il nous semblait entendre le tonnerre rouler, d'abord de loin, puis de plus près, enfin au-dessus de nos têtes. C'était comme si la tour avait été ébranlée et la voûte au-dessus de nos têtes déchirée. Mes genoux tremblaient. Soudain, un éclair traversa la masse rouge. Le magicien étendit son bâton, comme s'il avait voulu l'arrêter. Il éleva de nouveau la voix, forte et puissante, au milieu des coups de tonnerre continus. La fumée redevint plus fine ; de ses couronnes apparut devant le magicien, à proximité immédiate du cercle, et à l'extrémité opposée de son bâton, une vague apparition, une figure dont le premier aspect me privait de ma raison. J'avais l'impression d'être tombé par terre, comme si j'étais perdu...

Je me suis réveillé avec la sueur d'agonie sur le front, mais heureusement dans mon propre lit et au XIXe siècle. La vue depuis ma fenêtre est gaie et vivifiante. Je vois un fleuve qui porte de fiers navires, des quais grouillant d'hommes et de larges rues avec des maisons d'un style *Renaissance gracieux et léger*. Je vivais à nouveau le présent qui me plaisait le plus, à côté de rêver à l'avenir....

Mais ils aspiraient à quelque chose de grand, ces savants magiciens du Moyen Âge. Leur création était extrêmement imaginative. Il est en ruines pour ne plus jamais se relever ; mais les *débris* émiettés témoignent de la croyance en un pouvoir et un savoir humains universels.

Ces savants magiciens étaient également des natures de Faust agitées, aussi distinctes du type habituel des savants de leur temps que Faust du brillant pédant – le *fier* et sans espoir Wagner. Tandis qu'ils payaient leur tribut de faiblesse à la tradition et formaient leur système sur des idées reçues, c'est chez eux que commencèrent à s'éveiller les pressentiments de l'avenir et le désir d'une lumière plus claire que celle avec laquelle les scolastiques et les docteurs angelici et *seraphici se sentaient* . eux-mêmes très contents. Quand recommença l'étude de la Grèce antique, quand apparut l'aube de la *Renaissance* , *ce furent ces natures enthousiastes, encore tâtonnant dans les rêves de l'art magique, qui commencèrent les premières à s'éveiller et à réfléchir.* C'était le sentiment de l'insuffisance de la théologie et de la scolastique dominantes qui les avait poussés dans le temple de la « philosophie secrète ». Depuis que ses piliers provenaient de diverses sphères culturelles, la méfiance et la peur de la magie étaient devenues plus universelles que directement ecclésiastiques ; ils s'étaient abreuvés aussi bien de la tradition profane que de la tradition chrétienne, estimant qu'elles découlaient toutes deux de la même source divine : leurs écrivains citent Porphyre à côté de Jean, et le prétendant Hermès à côté de Paul. Le courage avec lequel ils essayèrent d'ouvrir les portes du monde spirituel leur servit ensuite lorsque, des rivages de leur croyance d'enfance, ils s'aventurèrent sur l'océan de la pensée. Campanella, Vanini , Giordano Bruno et Cardanus se situent à la frontière entre la magie dogmatique et fantastique et une philosophie au sens des anciens Grecs et des temps modernes. Si déjà auparavant certains magiciens de l'ancien type étaient morts à cause de la persécution, il n'était pas étonnant que des « athées » comme Vanini et Bruno doivent maintenant monter dans la pile.

Les sciences occultes du Moyen Âge avec leur origine non pas du paradis et de l'arche de Noé, comme le croyaient leurs adeptes, mais d'une ancienne culture orientale et avec leur pouvoir sur les âmes les plus fortes et les plus indépendantes qui pouvaient surgir sous l'influence d'une Église. qui nivelle toute pensée, peut à juste titre rappeler à ceux qui sont prêts à l'oublier, une vérité triste mais incontestable : que l'humanité puisse embrasser au cours de nombreux et longs siècles avec la foi la plus candide, et construire avec un immense travail un système, des dogmes qui ont été reçus sans contestation, et qui contiennent plus de faux que de vrai, et dont la grande antiquité ne leur donne pas plus de prétention à la validité que n'en possède l'erreur née hier et disparue aujourd'hui. Aucune influence divine particulière n'a sauvé ou ne sauvera les générations d'hériter des erreurs moins que des vérités acquises de leurs prédécesseurs — aucune autre influence divine, devrais-je dire, que l'impulsion que nous ressentons à penser par nous-mêmes pour parvenir à la clarté.

IV.
LA MAGIE DU PEUPLE ET LA LUTTE DE L'ÉGLISE CONTRE ELLE.

Partout où la pensée religieuse divise l'empire du monde et de l'humanité en deux puissances absolument opposées, le bien et le mal, elle distingue aussi deux sortes de magie : la divine et l'infernale. Ainsi en était -il des Perses qui connaissaient une magie blanche et une magie noire. Il en va de même au Moyen Âge du christianisme. Les Grecs, au contraire, ignoraient cette distinction. Le monde étant pour eux un tout harmonieux, tant du point de vue moral que physique, la magie n'était pour eux qu'un moyen de découvrir et d'utiliser les pouvoirs secrets du cosmos harmonieux ; et le faiseur de miracles, dont on ne pouvait pas considérer qu'il tirait ses pouvoirs d'une source maléfique, était sans aucun doute un favori des dieux et un égal aux héros, non indigne des statues et des temples, s'il utilisait son art au profit de humanité. Du reste, chez les Grecs, la spéculation magique fut de plus en plus écartée par la philosophie, par le scepticisme et la recherche rationnelle, jusqu'à ce qu'en raison du contact plus étroit entre l'Europe et l'Asie, après la mort d'Alexandre, elle recommença à exercer son influence. , et célébra finalement son triomphe dans cette forme dualiste de religion qui, sous le nom de christianisme, prit possession de l'Occident.

La lutte que l'esprit orientaliste a menée dans sa marche à travers l'Europe, d'abord contre le paganisme hellénique, puis contre le paganisme chrétien qui avait pénétré dans l'Église elle-même, a été brièvement esquissée ci-dessus. Lorsque le christianisme se répandit plus tard parmi les nations germaniques et slaves, il se produisit un nouveau processus d'attraction et de répulsion entre lui et les religions naturelles des barbares, dont les éléments s'y mêlèrent en partie et en partie repoussés par lui. Les dieux se transformèrent en diables, mais leurs attributs et les festivités en leur honneur furent transférés aux saints. Le pape Grégoire le Grand ordonna que les festivités païennes ne deviennent chrétiennes que progressivement et qu'elles soient imitées à bien des égards. [40]

À l'époque de Boniface, il y avait de nombreux prêtres chrétiens en Allemagne qui sacrifiaient à Thor et baptisaient au nom de Jésus en même temps. La maxime de Grégoire de ne pas être particulier dans le choix des prosélytes, car il fallait placer l'espoir dans les meilleures générations de l'avenir, a eu une influence particulière sur la propagation rapide du christianisme. Pour pouvoir assister au service divin et être enterré dans le cimetière, il suffisait d'avoir la bénédiction du prêtre. Les dons à l'Église, les pèlerinages, les flagellations , la répétition des prières en latin, ouvraient les portes du ciel aux prosélytes plus facilement que la vertu et la bravoure celles du Valhall aux païens. Pour le reste, le païen pouvait entrer dans la communauté de l'Église tout en conservant tout son cercle d'idées. L'Église n'a pas nié, mais elle a confirmé l'existence réelle de tout ce qui avait été l'objet de sa foi, mais elle a traité ces objets conformément à son schéma dualiste, les élevant parfois au niveau de la sainteté, et les dégradant à nouveau. à quelque chose de diabolique. Ainsi, par exemple, il a transformé les esprits élémentaires – auxquels croyaient les Celtes et les Germains – d'êtres naturels bons ou moralement indifférents en anges déchus, enviant à l'homme son héritage céleste ; et si un païen pensant pouvait auparavant accepter ou rejeter l'existence de tels êtres à son gré, maintenant, lorsqu'il était devenu un prosélyte, croire en eux devenait une question de bonheur éternel. Il n'y avait aucune idée superstitieuse assez grossière pour ne pas recevoir le sceau de l'Église ; bien plus, plus c'était grossier, plus il était probable qu'il soit approprié. Même un esprit aussi cultivé qu'Augustin, le plus éminent des pères et des auteurs de son temps, a déclaré qu'il était « insolent » de douter de l'existence de faunes, satyres et autres êtres démoniaques qui guettent les femmes, ont des relations sexuelles avec elles. et les enfants par eux. [41] Ainsi furent posées les bases de cet immense labyrinthe de superstition dans les ténèbres duquel l'humanité a tâtonné pendant les mille ans du Moyen Âge.

Dans la rupture entre l'Église et la religion naturelle des peuples du Nord, nous retrouvons, dans un certain sens, le même spectacle répété que celui que nous avons vu dans la lutte entre la culture chrétienne et la culture gréco-romaine. Si les Néoplatoniciens présentaient leur Appolonius de Tyane comme un type de sorciers chrétiens, les Celtes, les Germains et les Hommes du Nord avaient aussi leurs devins dotés de pouvoirs surnaturels, que les missionnaires chrétiens devaient exceller dans le pouvoir d'opérer des miracles, s'ils voulaient être pris en considération pour le nouvelle religion. Il existe de nombreux récits d'évêques et de prêtres qui ont porté des gants de feu, marché sur du fer chauffé à blanc, etc., sous les yeux des païens étonnés. Si les miracles opérés par les apôtres du christianisme avaient leur source dans des agents divins, alors ceux accomplis par ses adversaires devaient avoir leur origine dans l'assistance du diable. Déjà ici, la magie blanche s'opposait à la magie noire, au pouvoir immédiat et surnaturel de Dieu dans ses agents auprès du diable : et si la signification principale de l'Église était d'être une institution pour la délivrance du diable ; si tous ses usages magiques depuis le sacrement jusqu'à l'amulette étaient autant d'armes contre ses attaques ; si les religions païennes qui avaient succombé au christianisme n'étaient que des sortes variées du même *culte du diable* , et leurs prêtres, voyants et médecins n'étaient que des instruments de Satan ; il était alors naturel que toutes les traditions de l'époque païenne que l'Église n'avait pas transformées et appropriées soient bannies du culte du diable, et en partie aussi que tout acte auquel étaient attribués des effets surnaturels, mais qui n'était pas accompli par un Le prêtre chrétien, ou au nom de Jésus, devrait être référé à une magie noire, en partie in fine que la possibilité d'une coopération immédiate, d'une ligue consciente entre le diable et les hommes soit élevée au rang de dogme.

Une lutte entre le bien et le mal, entre Dieu et Satan, entre l'Église et le paganisme, menée avec les armes des miracles par deux représentants humains directement opposés de ces principes, était un thème qui devait nécessairement pousser le pouvoir de l'imagination créatrice à se développer. activité, et nous trouvons aussi dans l'un des plus anciens monuments de la littérature chrétienne [42] un récit de ce personnage. C'est Simon Pierre, le rocher sur lequel est bâtie l'Église, qui y combat contre Simon le magicien de Samarie, mentionné dans les Actes. Lorsque les villes d'Asie Mineure eurent été témoins de leur émulation miraculeuse, la bataille décisive fut livrée jusqu'au bout à Rome. En présence du peuple assemblé, Simon le magicien tente une ascension au ciel, mais tombe et se casse les jambes car Simon Pierre avait ordonné aux mauvais esprits qui transportaient le magicien vers le ciel de le laisser tomber. Cette fable apparaît encore plus embellie chez les auteurs ecclésiastiques ultérieurs. Il est bientôt accompagné d'autres, comme celui de Cyprien , Théophile, Militaris , Héliodore et bien d'autres, qui, par amour de la gloire terrestre, abjurent le Christ et contractent des alliances solennelles avec le diable. Dans la biographie de saint Basile , archevêque de Césarée et de Cappadoce (il était contemporain de l'empereur apostat Julien), on raconte l'histoire d'un jeune homme qui avait obtenu d'un sorcier païen une lettre de recommandation à Satan. Lorsque le jeune homme, selon le précepte du magicien, se fut rendu dans un tombeau païen et y sortit la lettre, il fut soudainement enlevé et porté à l'endroit où Satan, entouré de ses anges, était assis sur un trône. Le jeune abjura par écrit son baptême et prêta allégeance à son nouveau maître. Mais après un certain temps , l'apostat se repentit et avoua au saint Basile ce qu'il avait fait. L'évêque a prié pour lui quarante jours. Quand enfin le jour fut venu où Satan, selon le pacte, devait emporter sa victime, l'évêque fit placer le jeune homme au milieu de sa congrégation. Satan est arrivé : une bataille entre lui et l'évêque a suivi - une bataille qui a été menée avec le peuple tendant les mains implorant Dieu pour l'aide, et qui s'est terminée lorsque le pacte est tombé des griffes du démon et a été déchiré par l'évêque. . Le Théophile mentionné ci-dessus avait également mis son âme en gage au diable, mais le contrat lui fut restitué après une supplication pressante, par la sainte Vierge, après quoi, averti par son expérience, il mena une vie sainte et devint saint Théophile avant de devenir saint Théophile. ferma les yeux. Ces premières légendes de pactes entre le diable et les hommes se terminent, comme on le voit, par le salut du pécheur ; ce n'est pas le cas plus tard. Si l'on se souvient maintenant que c'était un des dogmes proclamés par l'Église selon lequel tous les arts magiques et miraculeux non exécutés par les prêtres au nom de Jésus étaient produits par le diable ; qu'il donne à ses adeptes un pouvoir sur la nature et que les démons comme « *incubes* » et « *succubes* » recherchent et obtiennent des rapports charnels avec les êtres humains, [43] nous découvrons déjà dans les idées des premiers siècles chrétiens les éléments de la sorcellerie de la nature. Moyen-âge. Et quand on lit plus loin les accusations que les premières sectes chrétiennes se jetèrent les unes contre les autres, quand on apprend que le parti élevé par le concile de Nice à la position orthodoxe accusait les gnostiques, les marcionites et les ariens de culte du diable, de confédération avec Satan et la sorcellerie, nous rencontrons déjà ici cette union de l'hérésie et de la sorcellerie par laquelle l'Église du Moyen Âge a acquis une arme si redoutable contre les dissidents, une union qui ne doit pas être considérée comme une simple invention fortuite de méchanceté et de haine théologique. mais comme la conséquence nécessaire de toute la théorie dualiste de la morale, comme le fruit nécessaire de la croyance aux démons.

Il a fallu beaucoup de temps pour que les fêtes communes aux religions naturelles de l'Europe s'éteignent ou se transforment en forme chrétienne. Les pratiques extérieures par lesquelles les idées religieuses obtiennent une expression sensuelle possèdent généralement un pouvoir d'existence plus tenace que les idées elles-mêmes, et continuent d'exister quand celles-ci ont disparu, comme la coquille après la mort du nautile. Dans certaines religions de développement naturel, l'adoration du soleil et de la lune est la plus importante. Chez les tribus celtiques, germaniques et slaves, comme autrefois chez les Hébreux et les Phéniciens , ces divinités de la lumière étaient adorées en allumant des feux, par des sacrifices et des banquets sur les montagnes et dans les bosquets, surtout au moment de l'équinoxe de printemps (Pâques), à le début du mois de mai (nuit de Valpurge), et la nuit du solstice d'été. Du fait que des traces de cette coutume existent encore de nos jours, bien que sa signification originelle ait été perdue, nous pouvons d'autant plus supposer avec certitude qu'elle a continué à exister sans interruption, ouvertement d'abord, puis secrètement, conservant sa signification, dans malgré les efforts des autorités spirituelles et profanes pour l'extirper, et assumant de plus en plus dans l'esprit populaire ce caractère de culte du diable avec lequel l'Église a marqué ces réminiscences, depuis les temps païens. Et quand finalement elle cessa complètement, ou se transforma en périodes de festivités populaires qui n'avaient aucun caractère suggestif dangereux, même aux yeux de l'Église, le souvenir des fêtes démoniaques de la montagne et du bosquet dut être hérité de génération en génération, et alors ce n'était qu'un pas de plus que de croire qu'ils se poursuivaient encore et qu'ils étaient suivis par des personnes qui pratiquaient les arts magiques et avaient été investis de la sagesse suspecte des anciens valas et druides – les voyantes et médecins des païens. Il est très probable que la notion du sabbat des sorcières, célébré la veille du premier mai, et du voyage pascal des sorcières à Blokulla ait cette origine historique. La littérature ecclésiastique de la première moitié du

Moyen Âge ne nous laisse pas sans indices significatifs qui semblent corroborer cette opinion. Saint Egidius , décédé en 659 APRÈS JC , s'exprime fréquemment contre le *culte du feu* , pratiqué pendant les nuits d'été, qui, hérité des ancêtres païens, était accompagné de danses, et contre l'invocation du soleil et de la lune (qu'il appelle « les démons Hercule et Diane »), et contre le culte dans les bosquets et près des arbres, des sources et des carrefours. L'apôtre des Allemans , saint Firmin , décédé en 754 APRÈS JC , prêche contre les mêmes coutumes et insiste surtout sur l'entêtement avec lequel les vieilles femmes adhèrent aux fêtes infernales avec leurs chants et leurs danses magiques. Les auteurs modernes sur le sujet en question parlent d'un *décret synodal* qui remonterait au concile d'Ancyre en 314 APRÈS J.-C. , et qui enjoint aux évêques de surveiller spécialement les femmes impies qui, trompées par les illusions des démons, s'imaginent que ils parcourent de nuit, en compagnie de Diane et d'Hérodiade et montés sur certains animaux, de vastes étendues de pays, et sont tenus de se rassembler pendant un certain nombre de nuits sur l'ordre de leur maîtresse. Mais bien que ce décret synodal soit fallacieux et appartienne à une période bien plus tardive et à une localité différente (il est mentionné pour la première fois au IXe siècle, dans un ouvrage composé par l'abbé Regino [44]), il est assez ancien pour méritent ici notre attention. Au décret est annexée une série de questions que les évêques doivent poser en confession à ces femmes. Parmi eux se trouvent les suivants, qui relient immédiatement le voyage des sorcières aux traditions païennes :

« Avez-vous suivi la pratique héritée des païens de considérer la course des étoiles, de la lune et des éclipses de la nouvelle lune ? Et avez-vous imaginé que par l'exclamation « Conquérir la lune » (*Vince* , *Luna*), vous pourriez reproduire sa lumière ? Lorsque vous vouliez prier, avez-vous eu recours à d'autres lieux que l'église, comme par exemple à des sources, des pierres, des arbres ou des carrefours ? Y avez-vous allumé des feux et sacrifié du pain ou autre chose ?

Jean de Salisbury, décédé en 1182 APRÈS JC , parle de femmes qui, dirigées par une « reine de la nuit », se rassemblent et célèbrent des banquets au cours desquels elles savourent le plus les enfants volés dans leurs berceaux. Il supposait encore que ce n'était peut-être pas réellement un fait, mais seulement des illusions démoniaques, des tours fantasmagoriques joués par le diable et des rêves vides de sens, d'autant plus que de telles choses se produisent chez les femmes et non chez les hommes, qui ont une raison plus forte. Le même point de vue sur l'affaire est partagé par Guillaume d'Auvergne, évêque de Paris (mort en 1248 APRÈS JC). Mais déjà du vivant de ce prélat, la croyance à la réalité des fêtes de sorcières était sanctionnée par l'autorité du pape Grégoire IX, et tout doute à ce sujet était déclaré hérésie.

En même temps, le lien entre hérésie et sorcellerie fut rétabli et confirmé par l'Église, de sorte que tous les hérétiques devaient être considérés comme des sujets jurés du diable et initiés à la sorcellerie, même si tous les sorciers et sorcières n'étaient pas nécessairement hérétiques. L'Église, alors menacée par plusieurs sectes naissantes, recourut à tous les moyens pour maintenir sa hiérarchie et l'unité de la confession. En 1223 Grégoire IX. promulgua une lettre exhortant à une croisade contre les Stedingh , une secte qui s'était répandue en Frise et en Basse-Saxe. Il les accusa d'adorer et d'avoir une communion secrète avec le prince des ténèbres. Selon l'édit papal, les Stedingh considéraient le diable comme la divinité réelle et bonne, chassée du ciel par l'autre et le mal, mais y retournant le moment venu, lorsque l'usurpateur, en raison de son extrême tyrannie, de sa cruauté et de son injustice, s'était fait haïr du genre humain et était finalement devenu convaincu de sa propre incapacité et de son impuissance. En vérité, si une telle croyance avait surgi, cela n'aurait pas été étrange. Partout, la puissance et l'influence du diable étaient visibles, mais nulle part celles de Dieu, si ce n'est dans les lois sanglantes et terribles et le système social oppressif qui ont été déclarés divins par les autorités spirituelles et profanes. La théorie même par laquelle l'Église cherchait à réserver à Dieu son attribut de toute-puissance, la théorie du consentement, selon laquelle le diable n'exerce un tel pouvoir qu'avec la permission de Dieu, cette théorie même était propre à augmenter la confusion et la terreur. « Jamais », dit Bunsen, HYPERLINK "https://gutenberg.org/files/39608/39608-h/39608-h.htm" \l "f_45" «il n'y a eu une époque où l'on ait autant désespéré d'un gouvernement divin et universel qu'au Moyen Âge.» Bunsen penche du point de vue de l'historien français Michelet, selon lequel du XIIIe au XVe siècle, après que les Vaudois et les Albigeois en France eurent été exterminés par la persécution romaine et que les classes inférieures eurent été réduites au rang de serfs, une religion de désespoir, une un véritable *culte* satanique surgit, et que le sabbat des sorcières était en fait fondé sur des congrégations nocturnes, dans lesquelles des milliers d'hommes brutalisés, poussés par la misère et l'oppression, se rassemblaient pour adorer le diable et invoquer son aide. Mais il n'existe aucun fait historique absolument certain qui prouve que de telles réunions ont réellement eu lieu. Nous considérons qu'il est plus probable, comme nous l'avons souligné plus haut, que le sabbat des sorcières était comme un crépuscule persistant, sans cesse plus profond et constamment peint de couleurs plus monstrueuses, après le jour des fêtes dégradées dans la religion de la nature, - un incube d'imagination qui opprimait le sein de l'humanité enfouie dans un monde de rêves ; et que rien de plus que la croyance en sa réalité, que l'Église sanctionnait, n'était nécessaire pour produire les phénomènes que nous décrivons. Les Vaudois et les Albigeois étaient traités comme les Stedingh . « Faites savoir aux juges, écrit un inquisiteur, que les sorciers, les sorcières et les ouvriers du diable sont presque tous des Vaudois.

Les Vaudois sont de profession, essentiellement et formellement, des ouvriers du diable ; et bien que tous les prestidigitateurs ne soient pas tous, la conjuration et le vaudois ont beaucoup en commun. Les plus hautes autorités de l'Église nourrissaient constamment cette crainte du diable et de ses outils qui remplissait les esprits, et elles pouvaient le faire sans scrupule, étant elles-mêmes saisies de la même terreur. Ainsi Jean XXII. promulgué, en 1303 APRÈS J.-C. , deux lettres dans lesquelles il se plaint que lui-même, ainsi qu'un nombre incalculable de ses moutons, était en danger de mort à cause des arts des sorciers qui pouvaient envoyer des démons dans des miroirs et des anneaux, et éliminer les hommes. par leurs seuls mots. Il mentionne surtout que ses ennemis ont cherché à le tuer en perçant avec des aiguilles des poupées qu'ils avaient baptisées de son nom, invoquant l'aide du diable. Il est inutile de souligner quelle influence de telles proclamations de la part du Vicaire du Christ, chef infaillible de l'Église, exerceraient sur l'esprit commun. La philosophie dualiste mûrit de plus en plus jusqu'à cette terrible crise qui éclata au XVe siècle. Cette crise fut précédée par le procès des Templiers et par plusieurs grandes procédures de sorcellerie locales, avec des exécutions ultérieures, jusqu'à ce que finalement, le 5 décembre 1484, parût la bulle du pape Innocent VIII, « Ad forturan rei memoriam » . Ce taureau et son compagnon le « Marteau-sorcier » (Malleus Malificarum), composé par le moine et inquisiteur Sprenger, portèrent le mal à son paroxysme. L'enfer n'était plus un simple produit de l'imagination : nous le voyons établi sur terre dans une réalité effrayante et étendant sa domination sur toute la chrétienté.

Notre espace ne nous permet pas de reproduire dans une traduction littérale cette bulle du pape Innocent, écrite dans un latin barbare digne de son sujet. [46] Il faut cependant rendre compte de son contenu. « Le serf des serfs de Dieu » commence par témoigner du soin qu'il doit apporter, en tant que gardien des âmes, à promouvoir la croissance de la foi catholique et à éloigner l'infamie de l'hérésie de la proximité des fidèles. « Mais, poursuit-il, ce n'est pas sans un profond chagrin que j'ai appris récemment que des personnes des deux sexes, oubliant leur propre bien éternel et s'éloignant de la foi catholique, se mélangent avec les démons, avec les incubes et les succubes, et blessent *par* les *sorcières* . les chants, conjurations et autres pratiques honteuses, les réjouissances et les crimes, les enfants à naître des femmes, les petits des animaux, les moissons des champs, les raisins des vignes et les fruits des arbres ; qu'ils détruisent, étouffent et annihilent également les hommes, les femmes, les moutons et les bovins, les vignes, les vergers, les prairies, etc. rendre visite aux hommes, aux femmes, au bétail et aux autres animaux souffrant de douleurs et de maladies internes et externes ; empêcher les hommes de procréer et les femmes de concevoir, et les rendre entièrement inaptes à leurs devoirs mutuels, et les amener à renier, en outre, avec des lèvres sacrilèges, la foi même qu'ils ont reçue au baptême. »... Le pape nomme donc son mes fils bien-aimés, les professeurs de théologie Henry Institor et Jacob Sprenger, seront les principaux inquisiteurs avec un pouvoir absolu sur tous les districts contaminés par ces maladies ; et comme il sait qu'il y a des personnes qui n'ont pas honte d'insister sur leur affirmation perverse selon laquelle de tels crimes ne sont qu'imaginaires et ne doivent pas être punis, il les menace, quelle que soit leur position ou leur dignité, des châtiments les plus sévères, s'ils osez contrecarrer de quelque manière que ce soit les inquisiteurs, ou intervenir en faveur des accusés. Enfin, il proclame qu'aucun appel des tribunaux des inquisiteurs vers d'autres tribunaux, pas même auprès du pape lui-même, ne sera admis. Les inquisiteurs et leurs assistants sont investis d'un pouvoir illimité sur la vie et la mort, et sont exhortés à remplir leur mission avec zèle et sévérité.

La bulle ne contient aucune autre indication sur la manière dont les juges doivent procéder dans le procès des sorcières. Le « marteau-sorcier » a pu établir sa propre norme de procédure. Il est important ici de résumer le contenu de ce livre, puisqu'il est devenu une autorité juridique qui a été suivie dans tous les pays, même chez les protestants, jusqu'après le début du XVIIIe siècle. L'esprit du temps ne peut être mieux caractérisé que par ce livre ; On ne peut montrer de manière plus claire et plus tangible où mèneront les idées surnaturelles de la philosophie cosmique, et comment elles finiront par détruire la raison, la moralité, le sentiment humain et transformer le monde en une maison de fous.

Le livre auquel la bulle du pape Innocent et un diplôme de l'empereur Maximilien servent d'introduction élogieuse, commence par une apologie destinée à montrer que son auteur n'introduit rien de nouveau et d'inédit, mais que ses théories sont entièrement fondées sur le Écritures. Pour le prouver, il cite des passages de l'Ancien et du Nouveau Testament, des pères, des décrets des conciles, des lettres canoniques, des écrits de Thomas d'Aquin, de Damien et d'autres. Le diable, dit le « marteau-sorcier », n'a en effet aucun pouvoir pour suspendre les lois naturelles, mais la Bible montre incontestablement que Dieu lui a accordé une vaste domination sur les puissances naturelles des choses corporelles. Soyez témoin seulement de l'histoire de Job et de la tentation de Jésus dans le désert. De plus, l'existence des nombreux démoniaques évoqués dans le Nouveau Testament prouve que Satan peut habiter dans l'homme et utiliser le corps humain comme instrument. « Mais », dit le « Marteau-sorcier », cherchant constamment à déduire toutes ses conclusions apparemment selon la logique, « il ne doit y avoir aucune confusion entre démoniaques et sorcières. L'existence du premier ne prouve pas l'existence du second ; cela doit être démontré d'une manière différente. Et en voici la preuve : le diable, en tant qu'être spirituel, n'est pas capable d'un véritable contact corporel. Il doit donc se servir d'un instrument auquel il confère son pouvoir ; car tout effet corporel est produit par contact. Ces instruments sont les sorciers et les sorcières. Etant donc incontestable d'un côté que la puissance du diable est grande, et de l'autre qu'il ne peut rien accomplir sans le secours des sorciers et des sorcières, la conclusion qui s'impose est que ceux-ci doivent exister. Cette conclusion est du reste confirmée de la manière la plus décisive par la Bible. Moïse ordonne que les sorcières soient mises à mort, commandement qui serait tout à fait superflu si les sorcières n'avaient pas existé. Celui qui affirme qu'il n'y a pas de sorcières doit donc à juste titre être considéré comme un hérétique. »

Le « Marteau-sorcier » aborde ensuite la question de savoir pourquoi les femmes sont particulièrement adonnées à la sorcellerie et y répond ainsi : Les saints pères ont souvent dit qu'il y a trois choses qui n'ont aucune modération en bien ou en mal : la *langue* , un *prêtre* et une *femme* . Concernant la femme, cela est évident. Tous les âges ont porté plainte contre elle. Le sage Salomon, qui fut lui-même tenté par l'idolâtrie par les femmes, a souvent, dans ses écrits, donné au sexe féminin un témoignage triste, mais vrai ; et le saint Chrysostome dit : « Qu'est-ce que la femme sinon une ennemie de l'amitié, un châtiment inévitable, un enroulement nécessaire, une tentation naturelle, une affliction désirable, une source de larmes qui coule sans cesse, une mauvaise œuvre de la nature recouverte d'un vernis brillant ? » Déjà la première femme avait conclu une sorte de pacte avec le diable ; alors ses filles ne devraient-elles pas le faire aussi ? Le mot même *femina* (femme) signifie *quelqu'un qui manque de foi* ; car *fe* signifie « foi » et *moins* « moins ». [47] Depuis qu'elle est formée d'une côte tordue, toute sa nature spirituelle a été déformée et inclinée plus vers le péché que vers la vertu. Si nous comparons ici les paroles de Sénèque : « La femme aime ou déteste ; il n'y a pas de troisième possibilité », il est facile de voir que lorsqu'elle n'aime pas Dieu, elle doit recourir à l'extrême opposé et le haïr. Il est donc clair pourquoi les femmes en particulier sont adonnées à la pratique de la sorcellerie. [48]

On pourrait maintenant se demander : comment est-il possible que Dieu permette la sorcellerie ? Le « Marteau-sorcier » répond que Dieu a permis, sans nuire à ses perfections, la chute des anges et de nos premiers parents ; et comme il autorisait autrefois les persécutions contre les chrétiens, afin d'augmenter la gloire du martyr, de même il permet aussi maintenant la sorcellerie afin que la foi des justes soit plus manifeste.

Le crime des sorcières dépasse tous les autres. Ils réunissent en une seule personne l'hérétique, l'apostat et le meurtrier. Le « marteau de sorcière » prouve qu'ils sont pires que le diable lui-même, car il est tombé une fois pour toutes et le Christ n'a pas souffert pour lui. Le diable pèche donc seulement contre le Créateur, mais la sorcière à la fois contre le Créateur et contre le Rédempteur.

C'est à ces questions et à d'autres similaires que s'occupe la première partie du « Marteau-sorcier ». La deuxième partie, décrivant les différents types et effets de la sorcellerie et la célébration du sabbat des sorcières, est précédée d'un récit du pouvoir des sorcières. Ils produisent de la grêle, du tonnerre et des tempêtes quand ils le souhaitent ; ils volent dans les airs d'un endroit à un autre ; ils peuvent se rendre insensibles sur la grille ; ils soumettent souvent l'esprit du juge par des charmes et *le confondent par la compassion* ; ils privent les hommes et les animaux de leur pouvoir reproductif ; ils peuvent voir les absents et prédire les événements à venir ; ils peuvent remplir, à leur gré, les cœurs humains d'une haine implacable et d'un amour passionné ; ils détruisent le fœtus dans l'utérus, provoquent des fausses couches, se changent eux-mêmes et transforment les autres en chats et en loups-garous ; bien plus, ils sont capables d'enchanter et de tuer des hommes et des bêtes par leur simple apparence. Leur plus grande passion est de manger la chair des enfants ; pourtant ils ne mangent que des enfants non baptisés : si à un moment donné un enfant baptisé est pris par eux, cela se produit par concession divine spéciale.

Leur pacte avec le diable est de deux sortes : soit un contrat solennel conclu avec toutes les formalités, soit un simple contrat privé. La première se conclut ainsi : Les sorcières se rassemblent un jour fixé par le diable. Il paraît dans l'assemblée, les exhorte à la fidélité, leur promet gloire, bonheur et longue vie, et ordonne aux sorcières plus âgées de présenter les novices qu'il met à l'épreuve et fait prêter le serment d'allégeance ; sur quoi il leur apprend à préparer des potions et des baumes de sorcière à partir des membres des nouveau-nés, et leur présente une poudre, leur expliquant comment l'utiliser pour nuire aux hommes et aux bêtes. [49] Lorsque donc la novice a renouvelé la cérémonie d'allégeance lors du prochain sabbat des sorcières, elle est une véritable sorcière. Les enfants nécessaires aux marmites des sorcières et aux banquets du sabbat s'obtiennent de la manière suivante : Les victimes sont tuées par les regards ou par la poudre susdite, lorsqu'elles sont couchées dans leur berceau ou dans le lit avec leur mère. Les gens simples croiront alors qu'ils sont morts de quelque cause naturelle, de maladie ou d'étouffement. Puis, une fois enterrées, les sorcières les volent de la tombe. Il est arrivé que des juges ouvraient, après des aveux semblables, la tombe et y trouvèrent l'enfant ; mais dans de tels cas, le juge doit considérer que le diable est un grand maître d'œuvre qui a peut-être trompé les yeux des serviteurs de la justice, afin de protéger ses serviteurs, et dans un tel cas, l'aveu de la sorcière (arrachée par la torture)) devrait prouver plus que la vision facilement trompeuse du juge. [Quel triomphe de l'argumentation surnaturaliste !]

La sorcière accomplit ses voyages aériens, dit le « Marteau-de-sorcière », en enduisant un vaisseau, un balai et un râteau, un manche à balai et un morceau de linge, avec le baume de sorcière ; puis, en s'élevant, elle avance dans les airs, visible ou invisible, selon son choix. Le « Marteau-sorcier » rappelle Matt à ceux qui doutent de ces voyages aériens. iv. 5, où il est raconté comment le diable transporta Jésus dans les airs jusqu'au sommet du temple.

Nous passons maintenant à la troisième partie du « Marteau des sorcières », le droit pénal des tribunaux des sorcières, qui donne des instructions sur la manière dont « les sorciers, les sorcières et les hérétiques doivent être jugés devant des tribunaux spirituels aussi bien que civils ».

En ce qui concerne les modalités préliminaires de la procédure, le « Marteau des Sorcières » dispose d'abord : « Que le procès puisse commencer sans aucune accusation préalable, et sur la base d'un simple rapport selon lequel des sorcières ont été trouvées quelque part ; car c'est le devoir du juge, dans une affaire pleine de nombreux dangers pour l'âme, de ne pas attendre un informateur ou un accusateur, mais, d' *office*, d'ouvrir une enquête immédiate. Lorsqu'un inquisiteur vient dans une ville ou un village, il doit exhorter tout le monde , au moyen de proclamations clouées sur les portes des églises et des hôtels de ville, et par des menaces d'excommunication et de punition, à donner des renseignements sur toutes les personnes soupçonnées de quelque manière que ce soit. le moindre lien avec la pratique de la sorcellerie, ou autrement de mauvaise réputation. Les informateurs peuvent être récompensés si l'inquisiteur le pense bien, par la bénédiction de l'Église et par de l'argent. Une boîte destinée à recevoir les déclarations des informateurs qui souhaitent rester inconnus devrait être placée dans l'Église.

Deux ou trois témoins suffisent pour prouver la culpabilité. Dans le cas où un si grand nombre de personnes ne se présentent pas, le juge peut alors prendre les moyens de les retrouver et de les convoquer, et de les forcer à dire la vérité sous serment. Il a également le droit d'interroger les témoins avant le procès proprement dit. Quant aux qualifications nécessaires pour comparaître comme témoin, le « Marteau-sorcier » déclare que les excommuniées, complices, proscrites, fugueuses et dissolues sont des témoins irréprochables dans les cas où la foi est en cause. Une sorcière est autorisée à témoigner contre une sorcière, une femme contre son mari, un mari contre sa femme, des enfants contre leurs parents, etc., mais si les témoignages des complices ou des proches sont à l'avantage de l'accusé, ils ne sont alors pas valables ; *car le sang est bien sûr plus épais que l'eau* , et un corbeau ne choisit pas volontiers les yeux d'un autre.

Le « Marteau-sorcier » permet à un accusé d'avoir un avocat, mais ajoute : « Si le conseiller défend trop chaleureusement son client suspect, il est juste et raisonnable qu'il soit considéré comme bien plus criminel que le sorcier ou la sorcière elle-même ; c'est-à-dire qu'en tant que protecteur des sorcières et des hérétiques, il est plus dangereux que le sorcier. Il doit être considéré avec suspicion dans la même mesure qu'il présente une défense zélée . Mais un procès peut être suffisamment difficile sans être entravé et entravé par un avocat rusé. Pour confondre un tel homme et piéger l'accusé, il est nécessaire, dit le « Marteau-sorcier », qu'un juge se souvienne des paroles de l'apôtre : « Étant rusé, je t'ai surpris par la ruse », et se montre *rusé*. Le « Marteau-sorcier » informe le juge de cinq « astuces honnêtes et apostoliques » (ce sont les mots mêmes du livre) ; l'une d'elles consiste à incorporer dans la copie du procès remise à l'avocat de la défense un certain nombre de faits qui ne se sont pas produits lors du procès et à mélanger les noms des témoins. "De cette manière, l'accusé et son avocat peuvent être tellement confus qu'ils ne savent même pas qui a dit quoi que ce soit , ni ce qui a été dit."

Parmi les questions à poser à une personne mise en accusation, le « Marteau-sorcier » en recommande quelques-unes dont on peut apprécier la qualité à la lecture des exemples suivants : « Savez-vous qu'on vous prend pour une sorcière ? Pourquoi avez-vous été observé dans l'enceinte de NN ? Pourquoi avez-vous touché l'enfant (ou la vache) de NN ? Comment se fait-il que l'enfant (ou la vache) tombe malade peu après ? Quelle était votre activité à l'extérieur de votre maison lorsque la tempête a éclaté ? Comment expliquez-vous que votre vache donne trois fois plus de lait que les vaches des autres ?

L'ouvrage de Sprenger rend compte en détail du traitement auquel doit être soumise une personne accusée de sorcellerie et remise au juge. Avant le procès, l'accusé doit être mis sur le banc des accusés afin que son esprit soit enclin à l'aveu. Certains, plutôt que d'avouer leur culpabilité, se laissent déchirer membre par membre ; ce sont « les pires sorcières », et leur endurance s'explique par la supposition « que le diable les endurcit contre leurs tortures ». Il abandonne les autres qui lui ont été moins fidèles et est ainsi facilement amené à se confesser. « Si aucun aveu n'a été arraché à la sorcière pendant le premier jour » – nous citons littéralement le « marteau de la sorcière » – « la torture doit être continuée le deuxième et le troisième jour. Le droit civil interdit, certes, de *répéter* le supplice, lorsqu'aucune preuve n'a été apportée, mais il peut être *continué* .

Le juge devrait donc utiliser la formule suivante : « Nous ordonnons que la torture soit *continuée* (et non *répétée*) demain. »

Le deuxième jour, les instruments de torture seront exposés à l'accusé, et un prêtre assistant lira l'adjuration suivante : « Je t'adjure, NN, au nom de la Sainte Trinité, par les larmes amères de Jésus-Christ qu'il a versées. sur la croix... par les larmes des saints et des élus de Dieu qu'ils ont versées sur le monde... que, si tu es innocent, tu verses immédiatement des larmes abondantes ; mais si tu es coupable, pas de larmes du tout. Au nom de Dieu notre Père, le Fils et le Saint-Esprit. Amen."

La personne ainsi adjurée pleure rarement. Mais si cela devait arriver, le juge devrait veiller à ce que ce ne soit pas de la salive ou quelque autre liquide qui humecte l'œil de la sorcière. La sorcière doit être conduite à reculons dans la salle d'audience, afin que le juge puisse la voir avant qu'elle ne le voie. Autrement, elle pourrait l'enchanter et l'amener à une compassion criminelle.

Avant l'interrogatoire des témoins, l'accusé doit être déshabillé et rasé de tous ses poils, et ses membres doivent être soigneusement examinés pour s'assurer s'ils portent des marques, car le diable marque les siens. Il faut en outre vérifier en piquant avec une aiguille si une partie du corps est dépourvue de sensibilité, car c'est un signe certain d'une sorcière. Mais l'absence d'un tel signe ne prouve en rien l'innocence.

Si la sorcière ne peut pas être amenée à avouer par quelque moyen que ce soit, le juge doit alors l'envoyer dans une prison éloignée. Le concierge, quelques amis et des femmes chastes doivent se laisser persuader de rendre visite à la prisonnière et promettre de l'aider à s'échapper, si seulement elle veut bien les informer de certains de ses arts. C'est ainsi, remarque l'auteur du « Marteau-sorcier », que nous avons pris au piège bien des personnes.

Nous concluons ici notre récit du terrible livre de Sprenger. Le lecteur a suffisamment contemplé ce fruit sur l'arbre du diable . — Cela peut nous répugner de le considérer, mais ses enseignements sont instructifs. Puissions-nous distinguer l'arbre du fruit, et puissions-nous le déchirer avec ses racines, avec ces racines pourtant si abondamment arrosées par des hommes qui ne savent pas ce qu'ils font. Les incendies que la bulle du pape Innocent a allumés dans toute l'Europe ont projeté leur lumière étrange bien loin dans les temps qu'on a appelés modernes, bien loin dans le XVIIIe siècle. Compter ces victimes du bûcher serait impossible. On le tente pourtant quelquefois de nos jours ; les archives sont fouillées et des découvertes sont faites qui dépassent toute attente. Les victimes se comptent par millions.

Aucun âge n'a été épargné. Les enfants étaient amenés au bûcher avec leurs mères. Un pressentiment silencieux et sombre s'empare de chaque communauté lorsque la proclamation sur les portes de l'église annonce l'arrivée de l'inquisiteur. Tout travail dans les magasins et dans les champs cessa, et toutes les mauvaises passions s'enflammèrent pour devenir plus actives. Celui qui avait un ennemi déclaré, ou soupçonnait une envie secrète, savait d'avance qu'il était perdu. Il était jugé préférable d'anticiper plutôt que d'anticiper en dénonçant ; et à peine le tribunal avait-il commencé son activité, qu'il était surpeuplé de dénonciateurs. «Quand on avait commencé en un seul endroit à brûler les sorcières, dit un auteur du XVIIe siècle, on en trouvait davantage à mesure qu'on les brûlait.» Dans diverses communautés d'Allemagne et de France, *toutes* les femmes furent envoyées au bûcher. Dans bien des cas, cela alla si loin que les princes et les potentats furent contraints, de peur de voir leurs sujets exterminés, d'arrêter, par *ordre autoritaire* , la folie des inquisiteurs. La cupidité a alimenté les flammes allumées par la superstition et la haine. Nous ne citerons qu'un exemple tiré de l'histoire des procédés de sorcellerie écossais. Un homme nommé Hopkins, envoyé à la potence, reconnu coupable de meurtre, y avoua qu'il avait amené deux cents femmes au bûcher, et pour une récompense de vingt shillings chacune, somme dont le juge le récompensa .

Et pendant des siècles, dans toute l'Europe, aucune voix ne s'est élevée pour empêcher le meurtre avec les armes de la raison ou de la religion ! S'il y avait quelqu'un qui ne partageait pas la folie de son temps, la peur paralysait sa langue, et le savoir et la religion, loin d'empêcher le mal, s'étaient attelés à son oreille triomphale. La Bible en main, les théologiens sanctionnaient ces procédés barbares, et les savants les défendaient avec des raisons tirées des pères et avec une argumentation subtile. Les théologiens protestants rivalisaient avec les catholiques en matière de savoir. Même Luther et les premiers réformateurs n'ont pas réprimé, mais encouragé, la croyance aux diables. Si le paganisme avait été décrit par les pères comme l'œuvre et l'empire de Satan, Luther a renvoyé la vie antérieure de l'Église depuis le début de la papauté à la même sphère et a transformé toute l'histoire de l'humanité en un drame diabolique. La lutte entre la Réforme et le catholicisme contribua d'une autre manière encore à intensifier la foi aux démons. La lutte religieuse remua l'esprit de l'époque dans ses profondeurs les plus intimes. Beaucoup de ceux qui se trouvaient à mi-chemin entre le prédicateur réformateur d'un côté et le prêtre catholique de l'autre hésitaient entre l'ancien et le nouveau, et beaucoup de consciences qui avaient déjà embrassé le nouveau étaient agitées par l'inquiétude et le doute. Le divin catholique voyait dans ces doutes le début de la victoire sur l'erreur satanique ; le théologien protestant déclara que les mêmes doutes étaient inspirés par l'initiateur de la papauté, le diable. On peut apprécier cet état de choses en lisant « Tischreden » de Luther . Des hommes effrayés, par exemple, par un rêve ou par un bruit étrange dans la nuit (il n'en fallait pas plus pour obtenir un tel effet) se précipitaient vers leur pasteur pour lui exposer leurs ennuis. Ils furent alors informés, d'une part, que le rêve ou la voix avait été provoqué par le diable, auquel leur apostasie les avait liés, ou, d'autre part, que Satan essayait de les inciter à commettre les erreurs qu'ils avaient commises. avait abandonné. Dans les deux cas, l'archidémon était l'agent. « Il était dans le château des chevaliers, dans les palais des puissants, dans les bibliothèques des savants, à chaque page de la Bible, dans les églises, dans les palais de justice, dans les cabinets d'avocats, dans les laboratoires des médecins et des naturalistes, dans les chaumières, les cours de ferme, les étals, partout. [50]

Il était en effet partout, et la chrétienté était devenue un enfer. « La croyance au diable, dit un auteur britannique [51] parlant à ce sujet, avait eu pour effet que toute connaissance rationnelle avait disparu, que toute philosophie saine était dénoncée, que la moralité du peuple était empoisonnée et empoisonnée.

l'humanité a sombré dans un tourbillon de folie, d'impiété et de brutalité. Toutes les classes ont été emportées par ce tourbillon. Le Dieu de la nature et de la Révélation n'avait plus entre ses mains les rênes du monde. Les puissances de l'enfer et des ténèbres, nées d'une imagination malade, régnaient sur la terre. »

Jetant son ombre sombre jusqu'au XVIIIe siècle, c'est cependant au Moyen Âge que la croyance en la sorcellerie a trouvé ses racines profondes et puissantes. Il n'y a pas lieu de s'étonner de cela. Les hommes du Moyen Âge vivaient moins dans le réel que dans un monde magique, dans un monde ressemblant plus aux peintures d' Helvète-Breughels qu'aux descriptions de l'île d'Armidas . L'air était saturé de vapeurs démoniaques. La littérature populaire était composée de légendes de saints et d'histoires sur le diable. L'Église, asile général contre le diable, voyait et enseignait au peuple à voir partout le jeu des puissances maléfiques qu'il fallait vaincre par des pratiques magiques, et parmi Ahriman et ses armées désormais établies en Occident, et comme héritiers de les cornes et les queues des Pans et des faunes, une foule d'esprits indigènes se déplaçait ; des diablotins, des géants, des trolls, des esprits de la forêt, des elfes et des hobgobelins dans et sur la terre ; des entailles, des esprits des rivières dans l'eau, des démons dans les airs et des salamandres dans le feu. Et à ces esprits élémentaires s'ajoutait toute une faune de monstres, tels que dragons, griffons, loups-garous, vaches-sorcières , porcs de Thor, etc. Mais cela ne conclut pas la revue : spectres , fantômes, vampires, esprits provoquant le cauchemar, etc. , êtres surnaturels issus du monde humain, mais aux contours plus flous que les précédents, concluent le cortège bigarré. La mandragore y a également sa place. Cet être mérite ici quelques lignes, dans la mesure où il a désormais disparu des superstitions populaires.

La mandragore ou alrun [52] est à l'origine une herbe très rare qu'on ne trouve guère que sous la potence où un pur jeune homme a été pendu. [53] Celui qui cherche l'herbe doit savoir que sa partie inférieure a la forme d'un être humain et que sa partie supérieure est constituée de larges feuilles et de fleurs jaunes. Lorsqu'on l'arrache du sol, il soupire, crie et gémit si pitoyablement que celui qui l'entend doit mourir. Pour le trouver, il faut sortir le vendredi matin avant le lever du soleil, après s'être soigneusement rempli les oreilles de coton, de cire ou de poix, et amener avec soi un chien noir sans un seul poil blanc. Le signe de croix doit être fait trois fois sur la mandragore, et la terre est soigneusement creusée tout autour, afin qu'elle ne soit attachée que par les fines radicelles. Il est ensuite attaché par une ficelle à la queue du chien et celui-ci est attiré vers l'avant par un morceau de pain. Le chien arrache la plante de terre, mais tombe mort, frappé par le cri terrible de la mandragore. Il est ensuite ramené à la maison, lavé dans du vin rouge, enveloppé de soie rouge et blanche, déposé dans un sanctuaire, lavé à nouveau tous les vendredis et vêtu d'une robe blanche. La mandragore révèle les choses cachées et les événements futurs, et procure à son propriétaire l'amitié de tous les hommes. Une pièce d'argent déposée chez elle le soir est doublée le matin. Toutefois, la pièce ne doit pas être de trop grande taille. Si vous achetez la mandragore, elle reste avec vous, jetez-la où vous voulez, jusqu'à ce que vous la revendiez. Si vous le gardez jusqu'à votre mort, vous devrez partir avec lui en enfer. Mais il ne peut être vendu qu'à un prix inférieur à celui auquel il a été acheté. Celui qui l'a acheté avec la plus petite pièce de monnaie existante est donc irrémédiablement perdu.

L'être appelé mandragore était, comme on le voit, une sorte de « *Spiritus familiaris* ». Mais il apparaît sous une autre forme encore. Il arrivait que des aventuriers se présentaient comme des mandragores et, grâce à cette origine mystique, ils avaient obtenu du succès à la cour, après avoir été spirituellement rendus humains par le baptême chrétien. Mais ils ont perdu par le baptême leur pouvoir miraculeux, à leur grand désavantage financier et à celui des autres. Au Moyen Âge, le nombre d'aventuriers qui prétendaient eux-mêmes ou d'autres être les bâtards des diables et des êtres humains était encore plus nombreux. Mais s'ils menaient une vie irréprochable, démontrant une ferme croyance dans les dogmes de l'Église, le danger d'un tel pedigree n'était pas plus grand que l'honneur. Le fils d'un ange déchu n'avait pas besoin de baisser la tête devant un homme de noble naissance.

Dans la faune démoniaque du Moyen Âge, le loup-garou joue un rôle trop important pour être passé sous silence. Il était la terreur des campagnes. Les loups-garous sont des hommes qui se transforment pendant un certain temps en loups, puis errent à la recherche d'enfants. La croyance au loup-garou est très ancienne. Les auteurs antiques en parlent comme d'une superstition parmi les Scythes, ainsi que parmi les bergers et les paysans des provinces orientales. [54] On considérait alors que le changement résultait de certaines herbes poussant dans le Pont ; au Moyen Âge, c'était le diable qui enveloppait la sorcière ou la personne enchantée d'une peau de loup. Même cette croyance a été adoptée et proclamée par Augustin. Augustin, le même père qui déclarait qu'il ne croirait pas à l'Évangile si l'autorité de l'Église ne l'exhortait à le faire, trouva digne d'un sadducéen ou d'un philosophe païen seul de nier l'existence d'une religion aussi célèbre. un phénomène comme le loup-garou. L'empereur Sigismond fit étudier la question « scientifiquement » en sa présence par des théologiens, et ils s'accordèrent généralement sur le fait que le loup-garou est « un fait positif et constant » ; car l'existence du diable étant admise, il n'y a aucune raison de nier celle du loup-garou, soutenue qu'elle est par l'autorité des pères de l'Église et par l'expérience générale. [55] Cette « expérience générale » est finalement devenue, comme la croyance en la sorcellerie, une maladie mentale qui fait rage, une épidémie

(« *insama zoanthropica* »), infectant des districts entiers dans diverses parties de l'Europe et envoyant au lieu d'exécution de nombreux aliénés qui avaient avoué devant les tribunaux leur péché imaginé. [56]

Le vampirisme, plus horrible, est presque lié à cette lycanthropie. Les vampires, selon la croyance du Moyen Âge, sont des âmes désincarnées qui se revêtent de leurs corps ensevelis, se glissent la nuit dans les maisons et sucent tout leur sang du sein du dormeur. Celui qui est ainsi privé du fluide vital est à son tour transformé en vampire et rend visite de préférence à ses propres parents. Si le cadavre d'une personne soupçonnée de vampirisme est déterré et si son estomac est pressé, une abondance de sang frais coule de la bouche. Le cadavre est bien conservé. La croyance aux vampires a également produit une sorte de peste psychique qui, au XVIIIe siècle encore, répandait la terreur dans les provinces autrichiennes. [57]

Si la sorcellerie était une magie populaire imaginaire, il existait aussi une magie réelle, et elle consistait en une variété infinie d'usages, d'observances et de règles pour toutes les conditions de la vie. Sans parler des vastes calendriers manuscrits des astrologues, qui indiquaient quelles constellations, saisons et jours étaient propices pour se baigner, saigner, se couper les cheveux, se raser, construire une maison, courtiser, engager des serviteurs, partir en voyage, etc. Dès lors, il existait parmi le peuple une masse incroyablement grande de règles de vie que devait connaître tout organisme désireux d'éviter le danger constant d'attirer le malheur sur lui-même et sur sa famille.

Depuis le réveil le matin jusqu'à l'endormissement le soir, de telles maximes devaient être observées : se lever du lit le matin avec le mauvais pied était aussi sûr d'être suivi de désagréments au cours de la journée que de négliger de placer le pied du lit. les chaussures avec les talons vers le lit la nuit étaient sûres de provoquer la visite de fantômes ou de mauvais rêves. Lorsque des enfants naissent, personne ne doit sortir, entrer ou ouvrir la porte sans apporter du feu avec lui, afin que les trolls ne puissent pas entrer et échanger l'enfant ; et personne qui entre ne doit dire un mot avant d'avoir touché le feu. Pour la même raison, l'enfant, même s'il n'est pas baptisé , doit être surveillé attentivement chaque nuit et un feu doit rester constamment allumé dans l'âtre. Avant le baptême, un enfant ne doit pas être déplacé d'une pièce à une autre sans mettre de l'acier à côté. Si deux garçons sont baptisés à la même occasion, celui qui recevra en premier son nom et sa bénédiction sera le mieux doté physiquement et mentalement. Le jour du baptême, la mère doit éviter de manipuler une hache, un couteau ou d'autres instruments coupants, sinon l'enfant sera un jour assassiné. Si le sol sous un berceau est balayé, l'enfant sera privé de sommeil. Si le berceau est déplacé alors que l'enfant n'y est pas, l'enfant devient maussade. Lorsqu'un enfant bâille, il faut faire le signe de croix sur sa bouche et les mots « Jésus, fils de Dieu ! ajoutée; sinon le diable y entrera. Si un enfant regarde par la fenêtre ou dans un miroir la nuit, il tombera malade. Les enfants punis le dimanche deviennent désobéissants ; mais un enfant fouetté le Vendredi Saint avant le coucher du soleil deviendra obéissant et sage. Si l'enfant se promène avec une seule chaussure, la mère aura mal au dos. Si un enfant marche ou court à reculons, il fait faire à ses parents de nombreux pas en enfer. Un enfant qui mange et lit en même temps a un mauvais souvenir. Si le premier cadeau d'un prétendant à sa fiancée consiste en des chaussures, elle sera infidèle, s'il s'agit de bas, elle sera jalouse. Les noces les lundis, mercredis et samedis sont malheureuses. Si un cortège nuptial s'arrête pour une raison quelconque, les époux se heurteront à des dissensions. Si l'alliance est trop petite, le malheur est au rendez-vous. Parmi les mariés, celui qui s'agenouille ou se relève le premier meurt le premier. Ceux qui tiennent le baldaquin ne doivent pas changer de mains ni toucher la couronne de la mariée, car cela présage malheur et ennui. Si, en sortant, on rencontre une vieille femme ou une personne portant de l'eau, il faut rentrer dans la pièce. Lorsque la table est mise, le pain doit être déposé dessus immédiatement. Le pain ne doit jamais être placé avec la croûte supérieure vers le bas. Il faut prendre grand soin d'éliminer toutes les substances séparées du corps, comme les cheveux, les ongles, le sang ; ils doivent être enterrés dans le sol pour ne pas entrer en contact avec des personnes malades, ni tomber entre les mains de sorcières.

Nous avons choisi les observances et règles précédentes comme exemples de ces milliers de préceptes pour toutes les conditions de vie qui ont été recueillis par des enquêtes dans ce domaine de la bouche du peuple. Une collection complète nécessiterait un volume important. Chez tous se manifeste une peur servile des mystérieuses influences mauvaises, tapies de toutes parts, et dont la puissance ou l'impuissance à l'égard de l'homme ne dépend en aucune façon de sa moralité, mais seulement de la manière dont il observe certains actes éthiquement indifférents. Beaucoup d'entre eux semblent être dus uniquement à une mauvaise application de la théorie de la causalité ; d'autres dépendent d'une méthode symbolique de contemplation de la nature. Quelle différence entre cette sagesse populaire et celle emmagasinée dans les gnomes des Grecs ou dans le Havamal païen ! Une partie des premières est peut-être également un héritage, mais avec quelle exubérance ces superstitions se sont développées au cours des siècles de croyance mûre et flagrante dans le mal personnifié ; combien profondément ils ont pris racine parmi le peuple, alors que Havamal n'a été sauvé du flot du temps que par la main de l'étudiant !

Parmi les superstitions, il faut compter le pronostic magique des maladies et de la mort. Nombreux étaient les témoignages du squelette qui approchait avec sa faux et son verre. On les entendait dans le croassement des corbeaux et des corbeaux, dans les hurlements des chiens, dans le gazouillis du grillon et le tic-tac régulier du ver à bois caché dans le mur. Si le cheval d'un curé allant rendre visite à un malade de sa paroisse baissait la tête en arrivant dans une maison, si un moucheron était surpris en train de ronger un vêtement, si une lumière s'éteignait brusquement, si une image tombait, si un verre ou un miroir était brisé, cela indiquait une mort prochaine dans la maison. Pour déterminer le sort d'un malade, on déposait dans un coin sombre un morceau de pain dont il avait mangé, et on observait son changement de couleur ; ou bien on offrait à un chien un morceau de graisse dont les plantes des malades avaient été enduites, ou bien on soulevait une pierre pour voir si quelque chose était caché dessous. Si le pain devenait noir, ou si le chien refusait de manger ce qui lui était proposé, ou s'il n'y avait aucun être vivant sous la pierre, alors le malade était considéré comme incurable et on ne pouvait rien espérer, même des compétences médicales héritées du patient. des vieillards et des femmes sages. L'exercice de cette habileté consistait dans l'emploi, outre la « lecture » et les conjurations, en partie d'herbes d'une efficacité plus ou moins connue, et en partie aussi, semble-t-il, de forces magnétiques, utilisées mécaniquement sans réflexion.

L'art médical hérité du peuple de génération en génération est un sujet que seul un scientifique lucide et sans préjugés de la profession médicale peut traiter, et qui a été jusqu'à présent laissé sans l'investigation que le sujet mérite sans aucun doute, du moins d'un point de vue scientifique. point de vue historique. Il y avait, à la fin du Moyen Âge, parmi les passionnés de l'art galénique, un homme de génie qui, désespérant de trouver dans les in-folios des scolastiques médicaux aucune trace de vérité, abandonna l'amphithéâtre et s'en alla dans le monde. dehors, afin, comme il le disait lui-même, de lire le livre de la nature et d'apprendre quelque chose de cet instinct médical dont Dieu, selon lui, a dû doter les hommes aussi bien que les animaux, et qui ne doit trouver sa véritable expression que chez les hommes. vivre en réciprocité immédiate avec la nature. Cet homme était Paracelse. Lui qui méprisait et accablait de moquerie les coryphes de ses jours dans les facultés de médecine, ne dédaignait pas d'écouter « l'expérience des paysans, des vieilles femmes, des noctambules et des vagabonds », et le système magnétique qu'il construisait « par le illumination de la lumière de la nature, et non par la lueur d'une lampe d'apothicaire », repose selon toute vraisemblance sur les principes généraux qu'il a trouvés dans la pluralité des guérisons sympathiques pratiquées parmi le peuple. Dans la « lecture » qui accompagnait ces guérisons, Paracelse ne voyait, à juste titre, qu'un moment subjectif et un moyen de faire de la foi et de l'imagination les alliées du médecin. Une masse de ces formules de conjuration dans différentes maladies ont été rassemblées et publiées dans divers pays d'Europe. Ils n'offrent au lecteur que peu ou rien d'intéressant. [58]

Un usage très courant au Moyen Âge était de mesurer le malade, tantôt pour le guérir, tantôt pour savoir si la maladie diminuait ou s'aggravait. Un autre moyen était de le traîner à travers un trou. Les enfants malades étaient tirés à travers des trous creusés dans la terre ou à travers un cerisier fendu. Les moutons malades étaient forcés de se faufiler dans la fente d'un chêne, etc. Un autre remède contre de nombreuses sortes de souffrances consistait à attacher un fil ou une bande relue autour du cou ou d'un membre du malade. À cela s'ajoute le fait de nouer des nœuds de sorcière, utilisés uniquement dans de mauvaises intentions. Pour cela, des bandes de couleurs et de matériaux différents [59] étaient nécessaires. Ils ont été enterrés à proximité du domicile de la personne blessée. On pensait que de cette manière, n'importe quel membre ou puissance corporelle d'un ennemi pouvait être altéré. Un juriste et juge-sorcier français, Pierre Delancre , se plaint qu'à son époque il y avait peu de couples mariés en France dont le bonheur n'avait pas été gâché par ce moyen ; les jeunes hommes osaient à peine se marier par peur. Hincmar , archevêque de Reims, conseillait, comme remède contre cette influence, un usage assidu des sacrements. Dans les rituels français, des prières religieuses contre les effets des nœuds de sorcière sont prescrites. L'usage n'était guère moins universel de fabriquer des poupées de chiffons, de pâte, de cire ou d'argile, de les baptiser du nom de la personne détestée, de les mettre au feu ou de les percer avec des aiguilles, et de les enterrer sous le seuil de cet individu. tout cela pour lui infliger des souffrances. [60] Les maladies pouvaient également être transmises aux poupées en lisant certaines formules et en les plaçant dans un endroit inaccessible ou dans l'eau courante.

Non seulement contre les maladies, mais aussi contre les dangers du feu et de la guerre, contre la malchance en amour ou en chasse, lors des voyages, etc., les remèdes magiques étaient librement utilisés par le peuple. Le « Marteau-sorcier » se plaint amèrement de la pratique criminelle des soldats consistant à mutiler des crucifix pour s'endurcir contre l'épée et les balles. Le bourreau de Passau a acquis, pendant la guerre de Trente Ans, une large réputation pour son habileté à durcir le corps humain, ce qu'il faisait au moyen de bouts de papier avec des figures cabalistiques (Passauer Henkers-Zettel), qui ont été mangés. La croyance selon laquelle les chasseurs obtenaient, au moyen de conjurations, des « flèches gratuites » et des « balles gratuites » était très courante. Le « Marteau-sorcier » accuse divers potentats d'avoir à leur solde des « archers diaboliques » qui frappent leur cible à longue distance sans viser. Il était d'usage, lors des incendies, de jeter dans les flammes ce qu'on appelle les boucliers de David, des plaques avec deux triangles qui se croisent et la devise « Agla » (les initiales de quatre mots hébreux signifiant : « Tu es fort éternellement, ô Seigneur ! ») et « *consommé est* ». Au milieu du siècle dernier, le magistrat de Leipzig a ordonné que de telles plaques soient déposées dans la Rathhaus pour être utilisées en cas d'incendie. Dans les pays catholiques, le clergé prit en main l'emploi des appareils magiques contre les incendies ; des processions chantant et portant des reliques firent trois fois le tour de la maison en feu, et si cela n'eut aucun effet salutaire, c'était un signe certain que Dieu avait permis au diable d'exercer l'élément dévorant jusqu'à la destruction.

L'étendue de ce traité ne permet pas un exposé détaillé des nombreux arts divinatoires qui avaient leurs adeptes parmi le peuple. L'Église prêchant avec force contre ces arts et les présentant comme des artifices du diable, père du mensonge et fondateur des oracles, ne niait cependant pas, mais pouvait confirmer par une citation biblique, leur pouvoir de dévoiler l'avenir.

Tout ce que nous avons décrit ici était pour l'Église de la magie noire : toutes les pratiques mystiques parmi le peuple, qu'elles soient utilisées à des fins bonnes ou mauvaises, pour guérir ou guérir, étaient considérées comme impliquant un mépris pour la magie divine de l'Église elle-même. et aussi une alliance avec le diable, sinon formelle, du moins un « *pactum implicitum* ». Ce sont donc les détenteurs de l'art populaire traditionnel de guérison qui furent les premiers envoyés au bûcher partout où l'inquisition commençait ses procès. Mais aucun terrorisme ne pourrait éradiquer la magie populaire aussi longtemps que les persécuteurs eux-mêmes croyaient en son efficacité et luttaient uniquement pour une superstition consacrée contre sa contrefaçon interdite. La lutte contre la superstition de l'Église comme celle du peuple était réservée à une autre époque et à une autre théorie de l'univers et de la morale.

Les scolastiques dits errants (*scholastici vagants* , *érudits erratici*) formait une sorte de lien entre la magie des savants et celle du peuple. C'étaient des étudiants, des prêtres et des moines ruinés et aventureux qui erraient dans les campagnes de la plupart des États européens, notamment en Allemagne, se présentant comme des chercheurs de trésors, vendant des « spiritus familiares », des amulettes, des philtres d'amour et des élixirs *de vie* . , conjurant les esprits, devinant par les étoiles et guérissant les hommes et le bétail. Ces aventuriers étaient associés au sein d'une guilde régulière, et avaient, comme les autres commerçants vagabonds, leurs logements et hôpitaux dans les villes. Ils étaient des concurrents redoutés des pères sorciers des cloîtres, furent plusieurs fois excommuniés par l'Église et semblent avoir presque disparu lorsque les procès pour sorcières commencèrent pour de bon. C'est à un personnage de ce genre que se rattache la légende de Faust. Il reflète les opinions populaires concernant le pouvoir des savants magiciens. [61]

La même période qui vit la bulle d' Innocentius promulguée et la croyance aux diables culminant dans les procédés sorciers, donna naissance à la *renaissance* . Ce sauveur est venu au monde à l'heure où il en avait le plus grand besoin. L'esprit hellénique, né de nouveau de l'étude de la littérature et de l'art classiques, était un nouveau Messie mettant son talon sur la tête du vieux serpent et sauvant l'humanité du pouvoir de la mort et du diable. Les gens assis dans l'obscurité, éclairés uniquement par les flammes sinistres allumées par l'inquisition, virent une grande lumière et tendirent les mains vers l'aube nouvelle. L'étude des anciens a eu une immense influence, d'autant plus que le monde actuel était très différent du monde antique. Les monuments exhumés de la Grèce ont révélé d'autres systèmes d'État que le système féodal du Moyen Âge, des États qui étaient des organisations, et non de simples conglomérats mécaniques de conquérants et de vaincus, et qui étaient fondés sur des bases plus nobles que des privilèges donnés ou supposés. Ces monuments révélaient une recherche indépendante de la vérité qui s'était placée au-dessus de la tradition : un spectacle nouveau pour les gens du Moyen Âge ! Ils révélèrent un art où l'harmonie régnait entre l'esprit et la nature, entre la vie supérieure et la sensualité, entre les opposés relatifs que le Moyen Âge avait conçus comme absolus, les opposant dans une lutte qui détruisait la beauté et la morale. Ils révèlent de grands personnages symétriques aussi affranchis de l'ascétisme du Moyen Âge que de la sensualité sauvage de l'époque. Toutes ces idées, saluées avec enthousiasme, ne pouvaient que transformer l'apparence du monde. Ils ont renversé les ténèbres du Moyen Âge, ont mis en fuite le diable et l'enfer et les ont poussés dans ce coin de bois du royaume spirituel où ils se trouvent actuellement, mais d'où, à toute réaction politique, ils scrutent avec impatience si ils ne peuvent pas une fois de plus mettre le vaste monde en leur pouvoir. Mais ils n'y parviendront guère tant que la liberté de pensée et l'indépendance scientifique seront préservées comme conditions primordiales de la santé spirituelle de l'humanité ; et ils échoueront complètement quand une intelligence étendue aura enseigné au peuple que les prémisses du dogme du diable, si elles pouvaient être à nouveau inoculées dans l'esprit populaire, montreraient à nouveau les mêmes résultats qui ont été décrits ci-dessus et nous conduiraient à retour aux temps terribles de l'inquisition et de l'incendie des sorcières. Il ne fait aucun doute que même les défenseurs orthodoxes de la croyance en un principe maléfique personnifié ne le souhaitent pas ; mais ils ne remarquent pas que l'histoire agit avec plus de cohérence qu'eux, et ne guérit les erreurs générales qu'en faisant que de longues générations en tirent les dernières conséquences et en subissent tous les effets.

LA FIN.

Notes de bas de page :

[1] Henricus Cornelius Agrippa ab Nettesheim : « De occulta Philosophia. » — I., XIII.

[2] Henricus Cornelius Agrippa ab Nettesheim : « De occulta Philosophia. » — I., XIII.

[3] *Ibidem.*

[4] Ce passage, dirigé contre le souverain de l'Assyrie, était déjà interprété par les premiers pères comme faisant référence à Satan. Ainsi, Lucifer, la traduction latine de Morning Star, est devenu le nom du prince des ténèbres.

[5] Luc x. 18.

[6] « De Contemptu Mundi sive de Miseria Humanæ Conditionis », un petit livre écrit vers 1200 par le futur pape Innocent III.

[7] Paroles de Luther qui, outre sa croyance dualiste, était un véritable fils de ce même Moyen Âge, bien que destructeur de sa foi autocratique.

[8] En tant que telles, comme périssables et irréelles, sont toutes les choses mauvaises considérées par un auteur inconnu au Moyen Âge. Dans son bel opuscule « Deutsche Theologie », il dit entre autres : « Maintenant, quelqu'un pourrait se demander : « Puisque nous devons tout aimer , devons-nous aussi aimer le péché ? La réponse est non; car quand nous disons tout , nous pensons seulement à tout ce qui est bon. Tout ce qui existe est bon du fait de son existence. Le diable est bon dans la mesure où il existe. En ce sens, il n'y a rien de mal dans l'existence. Mais c'est un péché de souhaiter, désirer ou aimer autre chose que Dieu. Or toutes choses sont essentiellement en Dieu, et plus essentiellement en Dieu qu'en elles-mêmes ; ils sont donc tous bons dans leur essence réelle. » — Le petit ouvrage dont ce qui précède est cité est l'expression d'une âme profonde et pieuse, luttant pour maîtriser le dualisme qui enchaînait son âge. Il est remarquable que Luther n'ait pas été plus fortement influencé par son esprit, même s'il avoue qu'« à côté de la Bible et de saint Augustin, je n'ai trouvé aucun livre qui m'ait appris davantage ».

[9] Voir l'ouvrage « Summa Theologica » (supplementum annonce tertiam partem, quæst . 94) par le plus éminent et le plus influent parmi les théologiens du Moyen Âge, Thomas d'Aquin. Il y est dit : « Ut beatitudo sanctorum eis mages complaisant et de ea ubériores gratias Deo agant , datur eis Utah poème impiorum parfait videant .... Beati, qui erunt in gloria, nullam compassion annonce damnés habebunt .... Sancti de pœnis impiorum Gaudebunt , considéré comme in eis divinæ justifications ordinem et suam liberationem de qua gaudebunt . » — A cela peut être comparé l'épanchement

exécrable suivant d'un autre théologien : « Beati cœlites non tantum non cognatorum sed nec parent sempiternis suppliciis annonce oullam misération réflexion . Je suis vero lætabuntur juste , cum viderint vindictam ; manus lavabunt dans sanguine peccatorum .

[10] Tertullien.

[11] Cela a été nié en ce qui concerne les enseignements originaux de Zoroastre, mais est confirmé par un passage d'Aristote (Métaphysique ., I., XIV ., c. 4).

[12] AF Ch. Vilmar : « Theologie der Thatsachen plus large die Theologie der Rhetorik » (Marburg, 1857).

[13] Ainsi, par exemple, l' éclat rouge du cuivre était censé indiquer qu'il était lié à Mars, qui brille d'une lumière rougeâtre.

[14] « Non baptisatis parvulis nemo promittat inter damnationem regnumque cœlorum tranquilis vel felicitatis cujuslibet atque ubilibet quasi suppléant moyen; enim ponctuel eis etiam hærèse Pélagienne promesse » (Augustinus : De Anima et Ejus Origine , 1. I., c. IX). Dans une de ses lettres, Augustin déclare que même si les parents se précipitent chez le prêtre, et que celui-ci s'empresse également de baptiser l'enfant, mais qu'il le trouve mort avant d'avoir obtenu le sacrement, il est néanmoins alors condamné à être tourmenté éternellement avec les damnés, et de blasphémer le nom de Dieu.

[15] Tout cela se trouve, en relation avec le baptême, dans les mystères païens.

[16] Extrait de la formule donnée au concile de Rome, 1059 APRÈS J.-C. , à Bérenger de Tours, à laquelle il fut contraint de prêter serment sous peine de mort.

[17] L'hostie remplacée au XIIe siècle par le pain s'appelait l'hostie.

[18] La découverte faite de nos jours par le théologien danois Martensens , selon laquelle la nourriture obtenue lors de la Cène de Notre Seigneur n'est pas seulement pour l'âme, mais aussi pour le corps, — pour la nourriture de notre corps d'ascension, n'est pas vraiment nouveau; le païen initié aux mystères de Mithra apprenait que le pain et le vin consacrés, assimilés à sa chair et à son sang, donnaient l'immortalité à son être corporel. Des présupposés semblables produisent à des moments différents des idées semblables.

Une question importante au Moyen Âge et qui avait déjà été débattue avec beaucoup d'ardeur depuis l'époque de Petrus Lombardus jusqu'au XVIIe siècle, est posée comme suit : un rat qui a mangé de l'hostie a-t-il ainsi participé au corps du Christ ? A ce propos, on demanda en outre : comment doit-on traiter un rat qui a mangé du corps du Christ ? doit-il être tué ou honoré ? Le sacrement doit-il être vénéré même dans l'estomac du rat ? Si une partie du pain consacré se trouve dans l'estomac d'un rat, est-ce un devoir d'en manger ? Que faut-il faire si, immédiatement après avoir pris la Sainte-Cène, on est pris de vomissements ? Lorsqu'un rat peut manger l'hostie, le diable ne peut-il pas le faire aussi ? — L'un des derniers produits de ces importantes recherches est un livre publié à Tübingen en 1593, intitulé : « *Mus exenteratus , hoc est tractus Valdé magistralis super question quadam theologica spinosa et multum subtili* », *etc.*

[19] Pendant la période de réaction politique en 1815, lorsque Schlegel et de Maistre louaient le Moyen Âge comme l'ère de bonheur de l'homme et que Görres cherchait à redonner du crédit pendant la « période d'État des Lumières » à toutes les histoires oubliées de fantômes et de vampires, le clergé de Bruxelles célébrait par des processions et autres solennités l'anniversaire de cette persécution des Juifs à Namur.

Lors du synode de 1099 , une proclamation fut publiée interdisant aux prêtres d'entretenir des relations serviles avec des laïcs, car il serait honteux que les mains les plus saintes qui préparaient la chair et le sang du Dieu Tout-Puissant servent les laïcs non consacrés. Le célèbre orateur Bourdaloue demandait qu'un plus grand hommage soit rendu au prêtre qu'à la sainte Vierge, car Dieu ne s'était incarné qu'une seule fois dans son sein, mais était quotidiennement entre les mains du prêtre, aussi souvent que la messe était lue.

[20] Le plus ancien art chrétien dans lequel se révèle encore l'esprit mourant de l'Antiquité, représentait Jésus comme un jeune berger portant un agneau sur son sein. Beaucoup ne pourraient que se détourner tristement du monde radieux de l'Olympe pour se tourner vers le nouvel idéal chrétien, et quand il le faudrait, ils préféreraient passer au nouveau « *puer* ». *rédempteur* » la douce beauté de l'ancien jeune médiateur Dionysos Zagreus. Dans les hymnes, encore conservés, de Synésius , qui réunissait en une seule personne l'évêque et le Grec qui aspire encore à la sagesse et à la beauté (connus sans doute de beaucoup de nos lecteurs par le roman d'Hypatie de Kingsley), cette tristesse est dans une merveilleuse harmonie. avec une dévotion chrétienne. Avec la ruine du monde antique, ce désir ainsi que la capacité de le satisfaire ont cessé. Le symbole matériel obtient par la suite une place plus importante. Si les Phéniciens et les Cananéens représentaient corporellement leur dieu comme le puissant bœuf, les chrétiens choisissaient comme type de leur dieu l'agneau patient et inoffensif. Le Concile de Constantinople en 692 APRÈS J.-C. confirma ce symbole de l'agneau. Comme Aaron avait fait un veau d'or, le pape Serge III. se procura un agneau en or et en ivoire. Tous ceux qui se rebellaient contre son culte étaient traités de désordonnés et d'hérétiques. Au temps de Charlemagne, l'un d'eux, l'évêque Claude de Turin, dont les

Vaudois tirent leur origine, se plaignait : « *Isti perversorum dogme auteurs agnos vifs bénévole vorare et en pariete photos adorer* . »

[21] Le pape Urbain Vitus a présenté un *agnus Dei* à l'empereur byzantin. Une note d'accompagnement décrivait ses merveilleux pouvoirs dans les hexamètres monacaux-latins suivants : -

Balsamus et monde cera cum chrismatis et
Conficit agnum , quod munus do tibi magnum
Fonte velut natum par mystique sanctificatum .
Fulgura désursum dépellit , et omne malignum
peccatum frangit , ut Christi sanguis et angit .
Prægnans servatur , simul et partus libération .
Dona référence digne , virtutem détruire l'ignis.
Portatus monde de fluctibus éripite et .

[22] Pas plus tard qu'en 1784, une loi fut publiée par Carl Theodor, électeur de Palatinat, faisant référence au pouvoir magique des reliques de Saint-Hubert et interdisant l'emploi de remèdes « mondains » contre la morsure des chiens enragés.

[23] En 1240, une grande procession de pluie a eu lieu à Lüttich . Trois fois répétée, elle échoua, « parce que dans la supplication de tous les saints, la mère de Dieu avait été oubliée ». Dans une nouvelle procession on chanta donc « *Salve regina* », et la pluie tomba aussitôt avec une telle violence que la procession religieuse fut dispersée . — Le clergé parfois, pour faire pleuvoir, conduisait un âne devant la porte de l'église, accrochez-lui la litanie au cou, mettez-lui une hostie dans la bouche, puis enterrez l'animal vivant.

[24] L'Église du Moyen Âge, en particulier, était riche d'horribles formules de malédiction, témoignant d'une énorme brutalisation de la pensée et du sentiment. Un seul exemplaire de ces formulaires sera plus que suffisant pour illustrer : -

« Par la puissance, la puissance et l'autorité de Dieu, le Père Tout-Puissant, du Fils et du Saint-Esprit et au nom de la Sainte Vierge, mère de notre Seigneur Jésus-Christ, par les saints anges, archanges, saint Michel et Saint Jean-Baptiste, au nom du saint apôtre Pierre et de tous les apôtres, au nom du saint Etienne et de tous les saints martyrs, et de sainte Adelgonde et de toutes les saintes vierges, et de tous les saints du ciel et sur terre, à qui le pouvoir est donné de lier et de délier, nous maudissons, exécrons et excluons de l'Église mère par le lien de la malédiction (ci-après le nom des personnes). Que leurs enfants soient orphelins ; qu'ils soient maudits dans les champs, maudits dans la ville, dans la forêt, dans leurs maisons et leurs granges, dans leur chambre et leur lit, à la mairie, dans le village, sur terre et sur mer ; qu'ils soient maudits dans l'église, dans le cimetière, dans la salle d'audience, sur la place publique et à la guerre ; qu'ils parlent, dorment, veillent, mangent ou boivent, qu'ils marchent ou se reposent, ou qu'ils fassent toute autre chose, qu'ils soient maudits dans leur âme et leur corps, dans leur raison et dans tous leurs sens : maudit soit leur descendance, maudit soit le fruit. de leur pays, maudits soient tous leurs membres, tête, nez, bouche, dents, gorge, yeux et cils, cerveau, larynx, langue, poitrine, poumons, foie, jambes et bras, peau et cheveux ; maudit soit tout ce qui vit et s'y meut de la tête aux pieds, etc. Je t'en conjure, Lucifer, ainsi que tout ton équipage, par le Père, le Fils et le Saint-Esprit, par l'incarnation et la naissance du Christ ; Je te conjure par le pouvoir et la vertu de tous les saints, de ne les laisser jamais tranquilles, de nuit comme de jour, jusqu'à ce que tu les aies ruinés, détruits par l'eau, ou conduits à la potence, ou rendus morts. déchirés par les bêtes sauvages, ou leur gorge coupée par les ennemis, ou leurs corps détruits par le feu », etc., etc.

[25] Un motif biblique pour les épreuves a été trouvé dans Nombres v. 12-28.

[26] Le « marteau-sorcier » sera décrit plus en détail ci-après. L'étudiant en histoire ne doit pas négliger ce volume, qui est le fruit le plus mûr du dualisme catholique et montre clairement les résultats auxquels il tend.

[27] « Gott in der Geschichte », III.

[28] Pourtant, à l'époque d'Érasme de Rotterdam, les théologiens faisaient grand bruit sur ce problème épineux.

[29] C'est cette confession que fait Cornelius Agrippa dans sa « Philosophie occulte ». Théophraste Paracelse et d'autres étaient moins modestes.

[30] Ainsi raisonnait, jusqu'au milieu du XVIe siècle, Borrichius (Olaf Borch), qui était professeur de chimie à l'Université de Copenhague et écrivit un livre sur la sagesse de l'Hermès égyptien.

[31] Agrippa : « De Occulta Philosophia », 1. I., c. 24.

[32] Nous avons trouvé dans une *Magia Divina* les indications suivantes pour accomplir un *perpetuum mobile naturæ* , dont nous laissons au lecteur décider de l'efficacité.

«Pendant les douze nuits après Noël, 1½ mesure de rosée est recueillie sur les arbres fruitiers et conservée bien enfermée. Au mois de mars, la rosée est de nouveau recueillie sur les arbres fruitiers et sur les prairies et conservée dans une autre fiole. La rosée recueillie en mai se déverse sur un tiers et la pluie d'un orage au cours de l'été sur un quatrième. On mélange alors le contenu des quatre fioles, et on en verse une mesure dans une grande cornue en verre transparent où, bien couverte, elle doit rester un mois jusqu'à ce qu'elle devienne fétide. Mettez-le ensuite sur le feu et soumis à une chaleur du deuxième degré. Une fois suffisamment distillée, il reste une substance épaisse comme du miel. Dans ce résidu sont versés quatre grains de teinture astrale. Le mélange est exposé à une chaleur du premier degré, par laquelle il se transforme en une masse épaisse et noire de jais qui se dissout à nouveau, formant au-dessous un fluide semblable à de l'encre et au-dessus une vapeur dans laquelle de nombreuses couleurs et figures sont vu. Ceux-ci disparaissent bientôt, et tout se change en eau, qui commence à verdir, et des palais verts, s'agrandissant constamment, et des montagnes et de beaux pâturages apparaissent, tandis que l'eau diminue de plus en plus. Quand maintenant vous constaterez qu'il n'y a plus de rosée qui monte de la terre dans le verre, prenez l'eau que vous avez reçue de la distillation, mélangez-y une drachme de teinture astrale et versez une once de ce mélange dans l'ampoule de verre. Alors tout recommence à vivre et à grandir. Ajoutez chaque mois une once de ce mélange. Si donc la boule de verre est bien fermée et n'est pas remuée, une vapeur s'élève peu à peu et se condense en deux étoiles brillantes, comme le soleil et la lune, et comme cette dernière, l'une de ces étoiles croît et décroît ; et tous les phénomènes de la nature, tonnerre, éclairs, grêle, pluie, neige et rosée, apparaîtront dans votre boule de verre comme dans le monde réel qui vous entoure. Tout cela arrivera si vous gardez le grand Créateur devant vos yeux et dans votre cœur, et si vous cachez au monde méchant ce grand secret.

famulus de Faust , occupé au four alchimique à préparer un *homoncule* , un homme artificiel. La même « *Magia Divina* » dont nous avons cité les orientations précédentes, nous permet aussi de retrouver le secret du savant Wagner : l'art de produire des « homonculos » philosophique . » Dans une cornue du plus beau verre de cristal, on verse une mesure de la rosée de mai la plus pure, recueillie lorsque la lune est en croissant, et deux mesures de sang d'un jeune homme, ou trois mesures d'une jeune fille. Le garçon et la fille doivent être en bonne santé et, « si possible », chastes. Lorsque ce mélange a fomenté pendant un mois et s'est transformé en une argile rougeâtre, les *règles* qui se forment au sommet sont aspirées au moyen de tubes hermétiquement attachés à la cornue, rassemblées dans un récipient de verre propre, mélangées à une drachme animale. teinture, et le mélange est de nouveau versé dans la cornue où il est conservé pendant un mois à chaleur douce. Il se sera alors formé une sorte de vessie qui se couvrira bientôt peu à peu d'un réseau organique de petites veines et de nerfs. Aspergée toutes les quatre semaines des *règles* sus-citées, la vessie grossit pendant quatre mois. Lorsque maintenant vous remarquerez un bruit sourd et des mouvements de vitalité dans le verre, regardez-le et vous découvrirez, pour votre joie et votre étonnement, un très beau couple, un garçon et une fille, que vous pourrez contempler avec une admiration sincère pour cette charmante œuvre de la nature, bien que leur hauteur ne soit que de six pouces. Ils bougent et se promènent dans le verre, où au milieu se trouve un arbre qui pousse avec toutes sortes de fruits agréables. Si maintenant vous versez chaque mois dans la cornue deux grains de teinture animale, vous pourrez les conserver en vie six années entières. Dès l'âge d'un an, ils peuvent vous révéler de nombreux secrets de la nature. Ils sont bienveillants dans leur caractère et vous obéissent en tout . Mais à la fin de la sixième année, vous constaterez que ce beau couple qui avait mangé jusqu'ici de toutes sortes de fruits, à l'exception de ceux qui poussaient sur l'arbre qui poussait au milieu de la cornue, commence maintenant à manger aussi le fruit de cet arbre. . Alors une vapeur se retrouve dans la cornue, qui se densifie, prend une couleur rouge sang et émet des éclairs. Les deux *homoncules* sont terrifiés et tentent de se cacher. Enfin tout autour d'eux se dessèche, ils meurent, et le tout se change en une masse fumante. Si le verre n'est pas très grand et solide, il explose, causant de gros dégâts.

[33] Chaque planète avait, parmi les douze signes du zodiaque, sa propre maison, et elle était particulièrement propice lorsqu'elle se trouvait dans l'une de ces demeures. Le tableau suivant montre l' ordre : -

Saturne habite dans Capricorne.

Jupiter " " Poissons et Sagittaire.

Mars " " Bélier et Scorpion.

Le soleil " " Leo.

Vénus " " Taureau et la Grande Ourse.

Mercure " " Vierge et Gémeaux.

La lune " " Cancer.

Chacun des douze signes (trente degrés sur l'arc du ciel) était divisé en trois « faces » (dix degrés). La position de la planète était la plus propice lorsqu'elle se trouvait dans la première face de la maison ; si dans le troisième son influence favorable était douteuse.

Comme le lecteur le verra dans le premier tableau ci-dessus, les signes du Zodiaque étaient censés entretenir une relation avec les éléments et les tempéraments. Le Bélier, le Lion et le Sagittaire étaient chauds, secs, fougueux et colériques. Mars entrant dans ces signes – à l'exception de celui du Bélier qui était sa propre maison, dans laquelle il était de bon augure – devait donc présager des sécheresses, des incendies et des épidémies. Le Taureau, la Vierge et le Capricorne étaient froids, secs, terreux, mélancoliques. Saturne dans le deuxième signe du Taureau pourrait donc annoncer un hiver rigoureux. Les signes du Cancer, du Scorpion et des Poissons étaient froids, humides, aqueux et sanguins. La domination des constellations zodiacales sur le corps humain était divisée comme suit : le Bélier présidait à la tête et au visage, le Taureau au cou et à la gorge, les Gémeaux aux épaules, aux bras et aux mains, le Cancer à la poitrine, aux côtes, aux poumons et à la rate, Lion sur la partie supérieure du ventre, le dos et les côtés, Vierge sur la partie inférieure du ventre et des intestins, Scorpion sur les organes génitaux, Sagittaire sur l'anus, Capricorne sur les genoux, Verseau sur les cuisses, Poissons sur les pieds. Les planètes exerçaient la même influence que leurs maisons, et toutes les choses élémentaires subordonnées à une planète étaient considérées comme, pendant les aspects propices, d'excellents remèdes contre les affections des membres présidées par cette planète. La série d'analogies dont nous avons donné un exemple plus haut étaient donc des mines inépuisables, même pour les médecins du moyen âge. Puisque, par exemple, le Capricorne, qui présidait aux genoux, est la maison de Saturne, et que tous les animaux rampants sont liés à cette planète, la graisse des serpents est un remède efficace contre la goutte aux genoux, surtout le samedi, jour de Saturne. .

[34] Les jours portent encore, dans de nombreuses langues, les noms des planètes qui leur ont été assignés dans la grise antiquité par l'Astrologie.

> Dimanche, dies Solis, est le jour du Soleil.
> Lundi, dies Lunae , est le jour de la Lune.
> Mardi, dies Martis , est le jour de Mars, *je . e.* , Tiw.
> Mercredi, dies Mercurii , est le jour de Mercure.
> Jeudi, dies Jovis , est le jour de Jupiter, *je . e.* , Thor.
> Vendredi, dies Veneris, est le jour de Vénus, *je . e.* ,
> Fréja.
> Samedi, dies Saturni , est le jour de Saturne.

Les noms originaux semblent avoir été introduits par les Romains à la fin de la république. Le fait que l'idée soit dérivée de l'Égypte est démontré par un passage de Dion Cassius [l. XLIII., ch. 26 ; comparer E. Roth, « Geschichte utilisateur abendländischer Philosophie», I., pag . 211]. La question de savoir quand et comment ils ont été introduits par nos ancêtres restera peut-être à jamais une question de conjecture. Il a été étonnant que l'ordre dans lequel les jours étaient nommés d'après les planètes, bien que le même chez toutes les nations, ne soit pas l'ordre dans lequel ils étaient censés être placés dans l'univers (Saturne, Jupiter, Mars, le Soleil, Vénus). , Mercure et la Lune). Cette énigme est résolue par le passage de Dion Cassius mentionné, de telle manière que l'origine astrologique de cette nomenclature doit être incontestable. Il raconte notamment que les Égyptiens consacraient chacune de leurs vingt-quatre heures à une certaine planète. La première heure du premier jour de la semaine (samedi) était attribuée à la planète la plus haute, Saturne, la deuxième à Jupiter, la troisième à Mars et ainsi de suite, selon l'ordre des planètes. La 24e heure du samedi tombait donc aussi sur Mars, et la première heure du jour suivant sur le Soleil, par lequel ce jour était donc nommé dimanche. La 24e heure du dimanche tombe selon le même calcul sur Mercure, et la première heure du lundi sur la Lune ; et ainsi de suite. La répartition astrologique des heures entre les planètes selon leur ordre successif dans le ciel explique ainsi le désordre apparent qui se produit dans la semaine. Dans les ouvrages magiques de Cornelius Agrippa, de Pierre de Albano et d'autres, dont l'auteur s'est servi, on trouve des tableaux concernant la répartition des heures. Ces écrivains ont rassemblé de toutes parts, et notamment de Ptolémée et des Alexandrins, des matériaux pour leur appareil magique.

[35] Les prescriptions de ces parfums se trouvent dans « Occulta Philosophia » de Cornelius Agrippa, l. I., ch. 44.

[36] On les trouve dans « Occulta Philosophia » d'Agrippa, l. III. cc. 25, 26, 27, 28.

[37] De nombreuses pages pourraient être remplies de spéculations subtiles sur le mot *Bereshit* , le premier mot de l'Ancien Testament. Que le monde sensuel n'est qu'un monde secondaire, un reflet du monde idéal, les Cabalistes l'ont prouvé en montrant que l'Écriture Sainte commence non pas par la première mais par la deuxième lettre de l'Alphabet, à savoir ב (b), qui dans sa **forme** est un demi-carré [trouvé dans le nombre du monde], et signifie donc une séparation accomplie entre l'esprit et la matière, entre le bien et le mal. Par une transposition des lettres en *Bereshit* , conformément à la méthode de la Cabale, on obtient deux autres mots qui signifient « au premier Tishri », démontrant que le monde avait été créé au mois de Tishri (septembre). La somme de la valeur numérique des lettres du mot *Bereshit* est égale à la somme de la valeur numérique des lettres de deux mots qui signifient « Il a créé par la loi », preuve que la loi est la cause instrumentale du monde. De plus, *Bereshit* peut être divisé de manière à former deux mots signifiant « Il en créa six » (six jours, six millénaires, les six extensions de l'espace universel, etc.) ; ou : « Il créa un bélier », qui était, selon les kabbalistes hébreux, le même bélier qui fut sacrifié à la place d'Isaac, et les chrétiens ajoutent, le même « Agneau de Dieu » qui se donna lui-même en sacrifice pour l'homme.

[38] Le tableau dont l'auteur s'est amusé à extraire, selon les règles, ce nom, se trouve dans « Occulta Philosophia », l. III. c. 26.

[39] Le livre d'Agrippa donne les règles subtiles pour trouver les « signes » ou les signatures des démons . — Le lecteur doit se souvenir du rôle joué par les « signes » du microcosme et de l'esprit de la terre dans le Faust de Goethe.

[40] Puisqu'ils (les Anglo-Saxons nouvellement convertis) ont l'habitude d'abattre de nombreux bœufs et chevaux lors de leurs fêtes en l'honneur des

diables (leurs anciens dieux), il est nécessaire de laisser cette coutume subsister, mais basée sur un autre principe. . Ainsi, il faut également célébrer aux jours de fête de l'Église et des saints martyrs dont les reliques sont conservées dans les églises bâties dans des bosquets sacrificiels païens, une fête parfaitement semblable, en clôturant une place avec des arbres verts et en préparant un banquet religieux. Pourtant, les animaux ne doivent pas être sacrifiés à l'honneur de Satan, mais abattus à la louange de Dieu et pour l'amour de la nourriture, pour laquelle le Donateur de tous les bons dons doit être remercié.

[41] « *Creberrima fama HNE multique se expertsos vel ab eis qui expertsi essent , de quorum fide dubitandum non est , audisse confirmant , silvanos et faunos , quos incubos vocant , improbos sæpe exstitisse mulieribus et oreille appétitisse ac peregisse concubitum et quosdam dæmones , quos Dusios Galli nuncupant , hanc assidu immunitiam et tentare et efficace plurs conte assertif , ut hoc negare impudents vidéotur .* » (De civitate Dei. lib. 15, cap. 23).

[42] « Recognitiones divi Clementis ad Jacob », lib. II.

[43] Ce point de vue est déjà exprimé dans le livre de Henoch et dans les écrits du rabbin. Comme eux, même les pères interprétaient les « Fils de Dieu » mentionnés dans la Genèse, qui « étaient fascinés par les filles des hommes », comme des anges déchus. Ainsi Cyrille , Anthénagoras , Irénée , Lactance , Turtullianus et d'autres. Nous venons de citer ci-dessus une citation d'Augustin. La mythologie grecque, avec ses amours entre dieux et hommes, était destinée à soutenir cette superstition. — Luther, qui ne pouvait se libérer de la superstition de son temps, nous dit souvent dans son « Tischreden » que le diable peut engendrer des enfants par liaison. avec les êtres humains. « Est- ce wahrlich un graülich , schrecklich Exempel , dit-il à un endroit, dass der Teufel kann die Leute plagen , dass er auch kinder zeuget .

[44] Reginonis libri duo de synodalibus cause et discipline ecclésiastique . L'ouvrage fut réédité à Leipzig en 1840.

[45] « Gott in der Geschichte », III.

[46] On le retrouve complet sous sa forme originale dans la « Démonomagie » II de Horst.

[47] De nombreuses étymologies aussi profondes se retrouvent dans le « Marteau-sorcier ». Le mot *diabolus* (diable) dérive de *duo* , « deux », et *de bolus* , « morceau », ce qui s'explique ainsi, que le diable pêche en même temps après deux morceaux, l'âme et le corps.

[48] Cette déduction, pleine d'indécences incontrôlables , occupe trente-trois pages du « Marteau-de-sorcière ». Cela prétend être très convaincant. Il a également envoyé des centaines de milliers de femmes à la mort.

[49] Pour donner au lecteur une idée plus claire de l'aveuglement et de la brutalité vraiment diaboliques qui caractérisent le livre terrible dont nous rendons compte, nous citons la déclaration suivante du « Marteau-de-sorcière », p. 223 : « Nous (les inquisiteurs Sprenger et ses collègues) constatons que de toutes les femmes que nous avons condamnées aux flammes, très peu ont volontairement fait du mal par la sorcellerie. Ils ont généralement été forcés par le diable à le faire. Après avoir tout avoué (sur le banc), ils tentent généralement de se suicider avant d'être conduits au bûcher. C'est le diable qui les tente ainsi, car il craint que par le repentir et la confession ils n'obtiennent le pardon de Dieu. Si cette astuce ne réussit pas, et s'ils sont empêchés de se détruire, il sait comment leur voler la chance de la grâce par d'autres moyens, à savoir en les frappant de fureur, de folie ou de mort subite ! » – Voici un échantillon de la manière dont des arguments théologiques fondés sur des influences naturelles supérieures peuvent être utilisés !

[50] Horst : « Démonomagie », I.

[51] Colquhoun.

[52] M ῆ λ α Μα νδρ αγ ό ρου (en hébreu *dudaim*) est dans la Septante un nom pour les pommes d'amour avec lesquelles Léa régalait son mari (Genèse xxx, 14). Pline parle de la mandragore comme d'une herbe vénéneuse, dangereuse à creuser ; maintenant déjà Columelle connaît la mandragore comme un être à moitié humain – « *semihomo mandragoras* ».

[53] L'homme a dit : quand un Erbdieb , dem, comme den Ziguenern das Stehlen angeboren est , ou dessen Mutter, et sie avec hum Schwanger ging , gestohlen , ou doch gross Gelüsten Dazu gehabt — après Einigen ; auch un Unschuldiger , Welcher in der Tortur si pour un Dieb bekennt — et der ein freiner Junggeselle ist , gehänkt wird , und das Wasser lässt , oder sein Same auf die Erde fällt , donc wächst an solchem Ort der Alraun .— « Nork : Sitten und Gebräuche der Deutschen und ihrer Nachbarvölker .

[54] Ainsi Properce et Pline. Virgile (eclog . VIII.) fait chanter un berger :

> A des herbes , atque hæc Ponto mihi lecta Venise ,
> Ipse dedit Mœris : nascuntur plurima Ponto.
> *Son ego est sûr lupum fieri , et se condere selvis*
> *Mœrim ... vidi .*

[55] Mélanchthon , qui croyait fermement au loup-garou, raisonnait de la même manière.

[56] Pas plus tard qu'en 1804, un vagabond nommé Maréchal fut accusé par les paysans de Longueville de sorcier et de loup-garou. Lors de son procès, les mystérieuses excursions des loups-garous se résumèrent en promenades de voleurs, et Maréchal fut condamné pour cambriolage aux galères.

[57] Lors de la Restauration en 1815, alors que tous les morts ressuscitaient dans leurs sépulcres , le célèbre *von Görres* chercha à raviver la croyance au vampirisme. Il a écrit à ce sujet un ouvrage d'une grande érudition, dans lequel il parle abondamment des sources « végétatives » du corps, qui, selon lui, continuent leur activité après la mort, et permettent ainsi à l'âme du défunt de réoccuper et de réopérer pendant un certain temps son activité. vieilles machines.

[58] Certaines des formes populaires de conjuration sont en latin, bien que corrompues au point d'être presque méconnaissables. Quelques exemples restaurés peuvent être donnés. Voici la formule contre le flux sanguin :

> Sanguis crinière en venis
> Sicut Christus en pœnis ,
> Sanguis crinière fixus
> Sicut Christus fuit crucifix .

Contre la fièvre :

> Deus vos résoudre sambuco , panem et sal ego vobis
> adduco , février tertianam et quotidianam accipite vos
> , qui nolo eam .

Contre l'épilepsie :

> Melchior, Balthaser , portans haec Nomina Caspar,
> Solvitur e Morbo Domini Pietate caduco .
> Perpetret et ternas defunctis psallere missas .
> Barachun . Barachagim . Détruire . Subalgat .

[59] Comparez Virgile, Ecl . VIII :

> Terna tibi hæc primum triplici divers couleur
> Licia circumdo ....
> Necte tribus nodis ternos , Amarylli , colores :
> Necte , Amarylli , modo : et Veneris, dic , vincula
> necto .

[60] Comparez le même églogue :

> Limus ut hic durescit , et hæc Utah céramique
> liquescit
> Uno eodemque igni : sic nostro Daphnis amore.

[61] La légende de Faust, formée à l'époque de la Réforme, chercha d'abord à employer comme personnage principal l'un des héros de la savante magie, Henricus Cornelius Agrippa ; mais une biographie de lui, publiée par son élève Wierus , ayant dissipé l'auréole fantastique qui enveloppait sa

personnalité, le désir créateur chercha un objet plus obscur qu'il pourrait transformer au gré de ses imaginations bizarres.